聖母文庫

教会だより

カトリック仁川教会報に綴った8年間

水浦征男

聖母の騎士社

〈序文〉 すべてが簡明なのだ ―神様が用意された道を歩む―

内藤 徹男（仁川教会信徒・建築家）

8年にわたる主任司祭時代に、水浦征男神父が執筆された百篇に近い巻頭言のなかで、文章の行間に感興が広がっていく一名文があります。「仁川教会だより」2011年7月号「それぞれ、神様が用意された道を歩んでいる」がそれです。

水浦少年は、昭和29年に長崎の全寮制神学校、聖母の騎士学園中学に、17名中の一人として入学した。高校から修練院へと進む過程で、辞めていく友人たちがいて、初誓願を立てたのは3人。ともに東京の大神学校に進み、ここを終えて司祭叙階を迎えたが、結果的に、中一の同級生のうち司祭になったのは自分一人だった、と、データ文のように、その経緯が淡々と綴られています。

続いて、神学校を辞める理由はいろいろあるが、自分は司祭への道を断念したいという気持ちは起こらなかったし、きびしい上長からの退会勧告を受けることもなかった。気が付いたら、17人いた同級生が一人になっていたから、もう辞められないな、という気持ちになった、と、控えめに決意を述べています。

今は年に一度、社会に出た同級生と顔を合わせて、少年時代を語り合い、若き日の苦労話に耳を傾ける。それぞれ、神様が用意された道を歩んでいるようだ、と、結んでいます。

ほとんど起伏のない話の展開にもかかわらず、簡潔で明晰な文章に惹かれるのは、水浦神父のまことに簡明な人柄が、そのまま文面に表出しているからです。常に客観性を大切にした平易な文章表現で、読後感を強要しない話の運びに、清々しい品格を感じるのも、その人柄にほかなりません。

また、神父とさほど年齢差のない筆者は、ともに通ってきた時代背景や社会現象を熟知しています。だから、プロセスデータ文の行間に、神学校を辞めて社会に出て行った人たちの動機や心情、変わりゆく社会環境との関わりなどを、あれこれ思い巡らし、彼らと同じ大きな時間の流れに浮沈していた自分を思い返して、実に感慨深いのです。

ところで、水浦神父から「3月20日の金祝までに文集を上梓したいので、序文を……」と依頼が入ったのが1月20日。それなら、この一文の魅力を書こうと即座に決めて、その夜のうちに読み直しました。

翌21日は日曜日。この日の福音朗読箇所は、マルコ福音書1章14—20節、ガリラヤ湖のほとりでイエスが四人の漁師を弟子にするシーンです。

イエスは「わたしについて来なさい。人間をとる漁師にしよう」と言われた。シモンとアンデレはすぐに網を捨てて従った。少し進んで、網の手入れをしているヤコブとヨハネをご覧になると、すぐに彼らをお呼びになった。この二人も父親ゼベダイと雇い人を残して、イエスの後について行った、とあるだけで、理由説明や顛末描写は一切ないのです。

なんという、シンプルで無限の広がりを感じる章句でしょう。

大水司祭の穏やかな朗読に、水浦神父の簡潔な文章がオーバーラップします。神父を簡明な人と思えるのは、そうなんだ、彼は漁師たちと同じように、神様が用意された道を、何も言わずに、イエスの後について歩んでいるからだと、そのとき、あらためて納得したのでした。

目次

教会だより

〔カトリック仁川教会報に綴った8年間〕

よろしくお願いいたします

2009年5月号

はじめまして。4月1日にこちらに赴任してまいりました。よろしくお願いいたします。長崎の聖母の騎士修道院で長い間、月刊「聖母の騎士」、「聖母文庫」などの出版を通して福音宣教にあたってきました。世間では、定年を過ぎ、引退の年齢です。しかし、修道者にとって、定年は80歳以上にならないと、認められません。小教区の主任司祭の定年は75歳です。私は、1941年11月生まれです。満67歳で、かろうじて主任司祭の年齢制限をクリアーしています。

生まれは神戸です。カトリック鷹取教会で幼児洗礼を受けています。1944年4月、神戸の空襲がはげしくなり、家族は、父親の故郷、長崎県五島列島の福江島に疎開しました。疎開した土地は、江戸時代末期に長崎県西彼杵半島から移住したキリシタンが住みついた楠原という集落です。ここは、水の浦小教区に属する巡回教会のある土地です。巡回教会とはいえ、信者の数は1000人近い大きな共同体で、大正時代に建立されたレンガ作りの聖堂をもっていました。幼少時から小学校を卒業するまで、ここで育ちました。毎週、日曜日には「教え方さん」という男性指導者から教会の教え（公教要理）を習いました。5月の聖母月には、夕方5時からのロザリオの祈りに参加しました。クリスマスには、夜中の12時に始まる「真夜中のミサ」にあずかるために、一時間ほどかかる山越えの道を、母教会のある水の浦まで歩いて行きました。

こんな土地柄の影響で、ごく自然に神学校へ進みました。中学一年から聖母の騎士学園で学びました。神学校は全寮制でした。1954年（昭和29年）に中学一年に入学した神学校の同級生は17人いました。この同級生たちは、その後、徐々に少なくなり、司祭叙階の時は、私一人になっていました。この歳になると、神学校を辞めていった同級生がもう一度戻って来てくれたら、としきりに思います。

41年の司祭生活を送ってきて、司祭として何をしてきたか、と振り返ると悔いばかりが残ります。せめて、この小教区で、過去の償いを果たせたら、と願っております。ふつつかな僕（しもべ）のためにどうか、お祈りください。

「イエスのみこころの月」

2009年6月号

6月は「イエスのみこころの月」と呼ばれています。いまから50年ほど前、私の小神学校時代、6月ともなれば、聖体賛美式（当時は聖体降福式）の中で、「イエスのみこころの連祷」が、ラテン語で歌われていました。この連祷は、唱えるだけでも長い祈りです。それを、ゆったりしたテンポで「COR JEZU……」（イエスのみこころ）と歌うのですから、時間がかかります。つい、うとうとと眠りに誘われたものです。6月が来れば、自然にあの頃がよみがえります。

その後、修道院に入ってからは、毎月の初金曜日の前夜（初木曜日の夜）、「聖時間」と銘打って、祈りと黙想の1時間を過ごしていました。「イエスのみこころの連祷」や「聖時間」などの「イエスのみこころ」に対する信心は17世紀後半に始まりました。

フランスの修道女、マルガリタ・マリア・アラコク（1647年～1690年）は1673年から1675年にかけて、不思議なビジョン（示幻）を見ました。マルガリタが見たのは、真っ赤に燃えているイエス・キリストの心臓（みこころ）でした。「みこころの連祷」の中では、「愛熱の燃ゆるかまどなるイエスのみこころ」と唱えられています。

イエスは、マルガリタに言われました。「神であるわたしのみこころは、人びとのため、また、特にあなたのため、それほどの愛で燃え上がっているので、もはや自分自身の中にその燃えている愛の炎を、保っていることができないほどになっています。それで、あなたをつかって、この愛を広め、あなたの中に見つけるような貴重な数々の宝石で、彼らを豊かにするために、人びとにわたしのみこころ自身を示さなくてはならないのです。」

聖マルガリタ・マリア・アラコクへのイエス様の啓示により、教会では聖体の祝日後の最初の金曜日を「イエスのみこころの祭日」として祝うようになりました。今年は、6月19日が「イエスのみこころの祭日」です。この日は特別に、イエス様への感謝をあらわしましょう。この日に限らず、6月中は、イエス様のみこころを黙想し、神様の愛を隣人に分かち合うように心掛けて過ごしたいものです。

「堅信組」の特訓

2009年7月号

私が育ったのは、長崎県五島列島の福江島である。長崎から西へ100キロの東シナ海に浮かぶ。私が中学校のころは、長崎港から福江島まで、汽船で4時間余りかかった。今ではジェットフォイル（高速船）で1時間20分で行ける。福江島はけっこう広く、長崎県で1番長い川と、1番長い直線道路がある。日本の島では11番目の大きさである。この島にはいま、41，022人が住んでいる。そのうちカトリック信者は3，571人いる。島の住人11人に1人がカトリック信者という計算になる。司祭が常駐する小教区は、福江、浦頭、井持浦、水の浦、三井楽、奈留、浜脇、貝津の8つである。

五島の信者たちのルーツをたどると、江戸時代末期、大村藩・外海地方から五島に移住した潜伏キリシタンにいきつく。親から子へ、子から孫へと伝えられた信仰が何世代にもわたって生きていた。キリシタンの信仰の伝承が忠実におこなわれた。

私の少年時代までは、その伝統が生きていた。毎日曜日、「けいこ」と呼ばれる教理の勉強会があった。日曜日のミサ後、クラスごとに「教え方さん」(教理の先生)宅に集まった。座敷に車座になって正座し、勉強した。教科書は「公教要理」というポケット判の本だった。この本にはQアンドA(問答)形式のカトリックの教えが簡潔にまとめられていた。この「稽古」が熱を帯びるのは、堅信の秘跡を受ける前である。3年に1度の周期で、堅信が行われた。小6、中1、中2の3学年が「堅信組」とされた。この学年の子どもたちは、3年間、徹底的に「公教要理」を叩きこまれた。

その勉強というのは「公教要理」の丸暗記だった。「公教要理」の問答は300近くあったが、それを片っ端から暗唱させられた。勉強の総仕上げには、聖堂内で公開試験があった。親は、わが子の受け答えに気が気ではなかった。こうした、「教理」の特訓のあと、ようやく堅信を受ける資格が与えられた。今なら、大学受験の猛特訓に匹敵する厳しさだった。

ふくれもちのお祝い日

2009年8月号

長崎県にはキリスト教を密かに守ってきた歴史がある。キリシタンたちは、教えを守るために、人里離れた土地や離島に移り住んだ。大村藩の中で多くのキリシタンを抱えていたのは、西彼杵半島の外海（そとめ）地方だった。

江戸時代末期から明治時代にかけて、ここから各地にキリシタンたちが新天地を求めて移住している。五島列島（現五島市、新上五島町）、平戸島（現平戸市）、黒島（佐世保市）、田平町（現平戸市）、などにキリシタンの共同体（コミュニティー）を作った。同じ信仰を共有する者同士が結婚して家族が増えていった。キリシタンたちの日常生活は、それほど裕福ではなかったが、教会の大きな祝日には、普段食べられない食べ物を作ってお祝いした。

五島では、8月15日の聖母被昇天の祝日に、「ふくれもち」を作ってお祝いする習慣があった。「ふくれもち」は、お祝い日の最高のごちそうだった。「ふくれもち」とは、一般に知られている小麦粉でできた、まんじゅうのことである。

その年にとれた小麦をひき臼で挽いて、粉を作った。自分の畑で育てた小豆やエンドウ豆をあんに使った。イースト菌を入れた生地を伸ばし、あんを入れる。丸もちの形にまるめ、サルトリイバラの葉っぱを下に敷いて蒸した。サルトリイバラの葉のことを、五島弁では「かっからの葉」と言う。ふっくら蒸し上がった、まんじゅうを「ふくれもち」と呼んだ。柏もちの柏の葉の代わりにサルトリイバラの葉っぱを使うのが、「ふくれもち」の特徴である。

サルトリイバラは蔓状の植物で、五島の野山に自生している。小さな実をつけ、秋には赤く色づく。蔓にはとげもある。その葉っぱは美しく、大きさは手のひらサイズくらいである。酸味を帯びた芳香がある。蒸し上がった「ふくれもち」を、口元に近づけると、葉っぱの香りが心地よい。

「ふくれもち」を作るのは、五島のキリシタンだけの習慣ではなかった。原子爆弾で倒壊した、長崎の浦上天主堂近くに住んでいた有名な永井隆博士は、著書の中に、聖母被昇天祭を「ふくれまんじゅうのお祝い日」と書いている。

もうすぐ8月15日がめぐってくる。今年も、五島では「ふくれもち」を作って聖母被昇天祭をお祝いしているだろうか。

平和の使徒 パウロ永井隆

2009年9月号

「戦争はおろかなことだ。戦争に勝ちも負けもない。あるのは滅びだけである。人間は戦争するために生まれたのではなかった。平和を！　永久平和！」

原子野の聖者とも呼ばれた、長崎の医師、パウロ永井隆博士の言葉である。原子爆弾で重傷を負い、かつて中国戦線に出征したこともある人ならではの心境ではないだろうか。

永井隆さんは、生まれながらのカトリック信者ではない。生まれは島根県松江市。医者になるために、東京大学か長崎医科大学かと迷った末に、長崎を選んだ。1931（昭和6）年、永井さんが下宿したのは、熱心なカトリックの森山家だった。その家族が毎日唱える朝夕の祈り、浦上天主堂から聞こえてくるアンジェラスの鐘の音に心を動かされた。森山家には一人娘の緑さんがいた。ある夜、急性盲腸炎に苦しむ緑さんを背負って大学病院まで運んだ。永井さんに恋心が芽生えるきっかけになったと思われる。

やがて医者になった永井さんは満州事変に従軍した。緑さんは永井さん宛の慰問袋にカトリックの教えをまとめた「公教要理」をそっとしのばせた。

無事に復員した永井さんは1934（昭和9）年6月に受洗、8月に緑さんと結婚した。さっそく、浦上教会のボランティアグループ「聖ヴィンセンシオ・ア・パウロ会」に加わった。日曜日や休日ごとに、医者のいない地域を巡回して診察、医療活動をした。

1945（昭和20）年8月9日、運命の日がやって来た。爆心地からわずか700メートルの勤務先、長崎医科大学で原子爆弾被爆。右半身に多数のガラス片を浴び、右側頭部動脈切断の重傷を負った。それでも、流れる鮮血を三角巾で縛って被爆者の救護にあたった。

長男の誠一くんと愛娘の茅乃ちゃんは郊外にいて無事だったが、緑夫人は帰らぬ人となった。後に永井さんは、次のように書いている。「不意に落ちてきたのが原子爆弾であった。ピカッと光ったのをラジウム室で私は見た。その瞬間、私の現在が吹き飛ばされたばかりでなく、過去も吹き飛ばされ、未来もこわされてしまった。わが亡きあとの子どもたちを頼んでおいた妻は、バケツに軽い骨となって、わが家の焼け跡から拾わなければならなかった。台所で死んでいた。私自身は慢性の原子病の上にさらに原爆被弾による急性原子病が加わり、右半身の負傷とともに、予定より早く廃人となりはててしまった」(『この子を残して』より)

永井さんは1946(昭和21)年7月に長崎駅で倒れ、1951(昭和26)年5月に亡くなるまで寝たきりの生活を送った。その間、「長崎の鐘」「ロザリオの鎖」「この子を残して」など多くの書物を書いて、戦争で傷ついた全国の人びとを励ました。映画「長崎の鐘」や藤山一郎さんが歌った名曲「長崎の鐘」は多くの人々の感動を呼んだ。「平和を祈る者は、一本の針も持ってはならぬ。武器を持っていては、もう平和を祈る資格はない」。いまこそ、永井博士が残した言葉を噛みしめなければならない。

ロザリオの祈り

2009年10月号

10月のイメージは何だろうか。スポーツの秋、読書の秋、収穫の秋、といった言葉が浮かんでくる。カトリック教会では、文句なく「ロザリオの月」が10月のナンバーワンの代名詞だろう。

ロザリオの祈りのことを昔のキリシタンたちは、「コンタツ」と呼んだ。コンタツの語源は、ポルトガル語のコンターレ（CONNTARE 数える）から来ている。「主の祈り」、「天使祝詞（アヴェ・マリア）、「栄唱」を数えながら祈るからである。「ロザリオ」という言葉は、ローザ（ROSA バラの花）から作られている。バラの花環という意味である。聖母マリアにささげるバラで編んだ花束、バラの花籠と思っても良い。

ロザリオの祈りは、ごく簡単な三つの祈りの組み合わせからできている。「主の祈り」1回、「天使祝詞」10回、「栄唱」1回の1連を、5回繰り返すことになっている。その1連ごとに、聖書に出てくる重要な場面を思いめぐらす。主の復活、昇天、聖霊降臨、降誕、変容など、20の場面を黙想しながら祈るのがロザリオの祈りである。

ロザリオを構成する三つの祈りは、どれも、簡単でありながら、祈りの本質（エッセンス）が詰まった、基本的な祈りである。まず、「主の祈り」は、イエズス様が弟子たちに教えられた祈りの見本である。「天使祝詞」は、聖母マリアをたたえる最高のあいさつである。「栄唱」は、御父と御子と聖霊の三位一体を賛美する射祷である。

私たちが、これら三つの祈りを、心をこめて唱えるなら、他の祈りは付録と思ってもいいのではないだろうか。

ロザリオの祈りを唱えるには、祈りを数える道具、ロザリオを持って祈るほうが良い。仏教風に言えば、数珠にあたるロザリオを各自ぜひ、持ってもらいたい。いわゆる「マイ・ロザリオ」を手元に置き、1日に1本（5連）は唱える習慣をつけたい。自宅で、あるいは聖堂で座って唱える必要はない。電車や車に乗って移動するときに唱えても良い。一人で車を運転中はロザリオは使えないが、家族で乗る場合は、同乗者が先唱して、唱えることができる。

通常の5連続きのロザリオを持たなくても、1連だけのミニロザリオを手にして繰り返し、祈るのも良い。この10月を、私たちはいつでも、どこでもロザリオの祈りに親しむ月にしていくことにしよう。

死者のために祈ろう

2009年11月号

カトリック教会では、昔から、11月2日は「死者の日」と定められている。かつて、この日、司祭に3回ミサをささげる許可が与えられていた。これは、死者のために多くミサをささげるようにとの教会の配慮によるものと思われる。しかし、第2バチカン公会議の典礼改革に伴い、現在、死者の日に司祭が3回ミサを挙げる規定はなくなっている。

それでも、教会では、亡くなった信者のために、ミサをささげて、故人に代わって祈る習慣がある。まだ、償いを果たし終えていない故人のために、生きている私たちが祈るのである。カトリックの典礼暦では、11月2日を「死者の日」とし、亡くなったすべての人を記念する。教会で、死者のために祈る習慣は、2世紀ころからあったと言われている。その祈りに死者のためのミサが加えられた。7世紀初めから、1年の特定の日に、亡くなったキリスト者のために祈るようになった。

諸聖人の祝日（11月1日）の翌日を「死者の記念日」にしたのは、クリュニーの修道会の総長である。９９８年のこととされている。その後、この記念日がローマで取り入れられた。

やがて、全カトリック教会で11月2日が「死者の記念日」となった。１３１１年ころから現在の死者の記念日の典礼が始まったと言われている。

教会は、人は死後、永遠のいのちに与ると教えている。人が亡くなって、永遠のいのち、つまり天国に入るには、故人の霊魂が、あらゆる罪の汚れから清められていなければならない。故人の罪の清めと償いを、故人に代わって、私たち生きている信者が果たすことが求められている。私たちが祈りやミサをささげることによって、死者を助ける役割を果たすのである。私たちが祈りによって死者を助けることによって、私たちもいずれ、助けられることになる。故人がすべての償いを果たし終えて、天国の幸福を得られたあと、今度は、地上の私たちのために、神に執り成してくださるのである。

この世の私たちと来世の人たちは、ギブ・アンド・テイクの関係で助け、助けられる間柄である。教会では、生者と死者の連帯関係を「諸聖人の通功」と呼んでいる。

この11月は、亡くなった親しい人、忘れられた人の霊魂が永遠の憩いに入られるよう、心をこめて祈りましょう。REQUIEM AETERNAM DONA EIS, DOMINE（主よ、永遠の安息を彼らにお与えください）

「ナタラ」（ご誕生）の祝日

2009年12月号

商店街はもう、クリスマスの雰囲気でいっぱいだ。外国から来た人たちは、クリスマス色に染められた、この国をキリスト教国と勘違いするかもしれない。

クリスマスが日本で最初に祝われたのは、いつ、どこの町だったのだろうか。1549年8月15日、フランシスコ・ザビエルが鹿児島に上陸して、初めて、日本にキリスト教が伝わった。

フランシスコ・ザビエルは、鹿児島を後にして平戸を経由して、京都を目指した。平戸の次に足を留めたのは、山口だった。山口に滞在していたのが、1549年のクリスマスころに当たる。あくまでも推測だが、フランシスコ・ザビエルは、山口で降誕祭を迎えたのではないだろうか。日本で最初にクリスマスを祝った土地、それは山口が正解だと思う。

長崎県五島では、明治初期、キリスト教迫害の嵐が吹き荒れた。トップをきって、キリシタン弾圧が始まったのは、福江島の水ノ浦集落だった。「ナタラ」の集会が開かれていた、集落の長老、水浦久三郎宅に、岐宿村の役人が踏み込んだ。キリスト教が禁じられていた時代でも、信者たちは密かに「ナタラ」には、集まって祈りを唱えていた。その情報をつかんだ役人は、「ナタラ」の機会をねらって、キリシタンの取り締まりを決行した。「ナタラ」とは、イタリア語の「ナターレ」(誕生)と同じ意味で、主の降誕祭のこと。昔のキリシタンたちは、今のクリスマス、降誕祭のことをナタラと呼んでいた。ナタラは、年間の重要な祝日として大切にし、キリシタンたちは、その日には一か所に集まって祈っていた。

主の降誕祭は、昔も今も大祝日なのである。子どものころの五島のクリスマスが懐かしい。大祝日を迎える前には、子どもたちも「告解」(ゆるしの秘跡)を受けなければならない。早朝5時半のミサの前や日曜日のミサ後に、告解のために長い行列ができた。順番が回ってくるまでじっと待つ。板張りの床に正座である。やっと告解を終えて外に出た時のすがすがしさは、大祝日を迎える喜びをかきたてた。

昭和20年代、クリスマス・イブのミサは深夜12時からと決まっていた。真っ暗な道を石油ランプ片手に、山越えの道を水ノ浦の聖堂へと急いだ。誰もが、一番きれいな洋服を身に着け、新しい足袋や靴を履いていた。祭壇近くには、御子イエス様の誕生を表す馬小屋が飾られていた。

部屋の姉さんたち

2010年1月号

五島列島は、長崎の西100キロ位の離れ島である。九州本土と五島との間には、東シナ海が横たわっている。冬の時期、海は大荒れとなる。その荒波を越えて、キリシタンの代表は小舟を操って、明治の初め、フランス人宣教師のもとに指導を仰ぎに行った。やがて、五島に赴任したフランス人宣教師が、一早く取りかかったのは、見捨てられた子どもたちの養育だった。まだ、この国に福祉の精神が薄い時代だった。辺境の地に、明治時代に二つの養護施設が建てられた、というのは驚きである。その二つの施設、奥浦慈恵院と鯛の浦希望の灯学園は、今なお生き続けている。

親から捨てられた子どもたちの世話を引き受けたのは、地元の未婚の若い女性たちだった。キリシタンの血を受け継いだ娘たちが、宣教師の指導のもとに、家族を離れて共同生活をしながら、奉仕活動にあたった。女性たちは、一軒家に住み、田畑を分けてもらい、農作業を営み、自給自足の道を歩んだ。

こうした未婚の女性たちの集団は、五島各地に生まれた。周りの信者たちは、女性たちの住む家を「部屋」、女性たちを「姉さん」と呼んだ。

福江島の水の浦に「部屋」ができたのは明治28年（1885年）である。数年後には10人ほどの集団になった。平日は農作業や、養蚕に精を出した。日曜日には子どもたちや親たちに、信仰上の指導をおこなった。教会の典礼の準備、聖歌、結婚、葬儀の手伝いも引き受けた。

水の浦の部屋の姉さんたちが、保育園を初めて開設したのは、戦争まっただ中の昭和18年（1943年）である。母親たちは、安心して農作業に出かけられるようになった。保育園は楠原幼児園と名付けられた。園舎は教会の庭にある平屋建ての家だった。昭和22年から1年間、私もこの幼児園に通った。この園では卒園前に、初聖体の準備をさせられた。告白（ゆるしの秘跡）のやり方、聖体拝領の仕方をていねいに教えられた。

幼児園には、声も姿も美しい先生がいた。スミエ先生と言った。そのスミエ先生を奈落の底に突き落とすような事件が起こった。昭和29年1月の夜、幼児園が全焼した。焼け跡に立ったスミエ先生は呆然とした。その火災のショックで、スミエ先生は病気になった。それでも立ち直って、75歳まで幼児教育に携わった。スミエ先生は２００９年11月12日、病苦を乗り越えて神に召された。修道生活70年、祈りと奉仕に捧げた85歳の生涯であった。

悲しくも美しい光景

２０１０年２月号

新年が明けると、3日と9日に葬儀があった。1週間のうち2度のお葬式というケースは、昨年はなかった。今年はR会の出番が多いような予感がする。訃報はたいてい突然やって来る。葬儀ミサのお手伝いをしてくださるメンバーの方々には、その都度、教会に駆けつけてもらうことになる。オルガニストと聖歌隊、ミサの侍者、朗読者の皆さんに、いつも感謝している。司祭は、そのために教会に待機しているようなものだから、週に2回でも3回でも葬儀は可能である。仁川教会では、告別式の後、すぐ火葬場まで司祭が同行する。R会が用意してくれる専用車に乗っての移動だから、楽なものだ。

現代のお葬式に比べると、子どものころ見ていた五島・福江島の教会の弔いは趣がちがっていた。お通夜は、故人の自宅で行われていた。司祭が家庭を訪問して祈りをささげた。葬儀ミサは、平日の午後にあった。部屋の姉さん（シスター）たちがグレゴリアン聖歌をうたった。ミサ中のラテン語はぜんぜん分からなかった。聖体拝領前の「アニュス・デイ」(神の子羊)でうたわれる「qui tollis peccata mundi」(クイ トッリス ペッカタ ムンディ=世の罪を除きたもう)を、大声で「キトリスペカタムキ 」とうたった。ほかの歌詞もいいかげんにうたっていた。それでも、死者を想う気持ちはあった。

葬儀ミサ後は埋葬である。土葬の教会墓地は聖堂から1キロ余り離れた、松の木が茂った丘にあった。お棺を若い男性たちが4人で担いだ。司祭、お棺、親族に続いて参列者全員が行列して墓に向かった。集落のほとんどが参加する行列は延々と長く続いた。墓地は本道より高い場所にあるため、登り道を上がらなければならない。棺を担う4人にとっては、力が試される。登り道では棺は斜めになり、後ろの2人に重量が大きくかかる。それが、雨上がりの上りとなれば最悪だ。どろんこ道と格闘しながら、棺の重さに耐えなければならない。棺は、あらかじめ掘られた長方形の穴の脇に置かれる。司祭が祈りを唱え、聖水と香で清めた後、いよいよ埋葬となる。最後の祈りが終わってから、お棺がロープで吊り降ろされた。地面に棺がつくと、墓穴が埋められる。遺族にとって、もっとも辛い別れの場面が来る。シャベルで土がかけられると、木製の棺に土が当たるバラバラッという音がする。その瞬間、遺族のすすり泣きは号泣に変わる。思わず、周りの人たちも涙する。悲しくも美しい光景が今も目に浮かぶ。

教会の五つの掟

2010年3月号

カトリック教会には「六つの掟」と呼ばれる義務があります。かつて、文語体で次のように記されていました。1．主日と守るべき祝日を聖日とし、ミサ聖祭にあずかるべし。2．少なくとも年に一度は必ず告白すべし。3．少なくとも年に一度は復活祭のころに聖体を受くべし。4．定められた期日には大斎を守るべし。5．定められた期日には小斎を守るべし。6．各々の分に応じて教会維持費を負担すべし。

この6つの「義務」は、現在も生きています。四旬節を機会に、改めて思い起こしましょう。まず、主日と守るべき祝日とは何でしょうか。主日は日曜日をさします。守るべき祝日とは、主の降誕、主の復活、聖霊降臨、主の昇天、などの「祭日」です。これらの祭日はたいてい日曜日に祝われます。日本で日曜日以外の平日に祝われる守るべき祝日は、主の降誕の祭日と神の母聖マリアの祭日（1月1日）の2日だけです。毎日曜日と元旦とクリスマスには、必ずミサに与るようにしましょう。2番目と3番目の義務はゆるしの秘跡と聖体の秘跡に与えることです。最低、一年に1回が義務ですが、たびたび与ることが勧められます。ゆるしの秘跡や聖体拝領の機会を与えてくれるのが、黙想会です。

五島でも、毎年償いの季節である四旬節に黙想会がありました。指導は、ほとんど主任司祭でした。黙想会は、3日間かけて行われていました。一日のプログラムは、司祭の講話、ロザリオの祈り、十字架の道行、ゆるしの秘跡、ミサなどが組み合わされていました。司祭の講話は一日に3回くらいありました。ゆるしの秘跡は、信者にとっても司祭にとっても、大きな犠牲をともなうものでした。司祭一人に、何百人という信者が告白しなければなりません。聴く司祭にとっても順番を待つ信者にとっても、忍耐を要する務めでした。

私が子どものころ、黙想会の謝礼が決められていました。現金収入が乏しい人は、何合かのお米を教会に持って行きました。今、大斎と小斎の日は、灰の水曜日と聖金曜日です。小斎は毎金曜日に守ることになっています。大斎とは、断食のことです。小斎は、肉食を避けることです。6つ目の掟、教会維持費の「各々の分に応じて」とは「それぞれの収入に応じて」という意味です。その目安は、仁川教会では全収入の1％と定められています。教会維持費の収納額が年々下降気味です。よろしくお願いします。なお、「教会の六つの掟」は、現在は、4と5を一つにして、「五つの掟」になっています。

復活祭と凧揚げ

2010年4月号

今年の復活祭は4月4日です。復活祭の日は、毎年変わる移動祝日と呼ばれます。ちなみに昨年は4月12日、来年は4月24日です。どうしてこうなるのでしょうか。復活祭の日を決めるのに、一つの決まりがあります。「春分の日の後の最初の満月の次の日曜日」、というのが、昔からの決まりです。イエス様の復活が日曜日だったことから、初代教会時代から復活祭は日曜日に祝われました。

復活祭の日付を決める原則が決まったのは325年に開かれたニケア公会議とされています。この原則に従えば、復活祭は春分の日（3月21日）より前に祝われることはなく、4月25日以降に祝われることはありません。3月22日から4月25日までの間のいずれかの日曜日が復活祭ということになります。復活祭の日を調べるには、一覧表を見るのが手っ取り早い方法です。「カトリック教会・情報ハンドブック」に載っています。それによれば、来年の復活祭は4月24日。史上二番目に遅い復活祭になります。もっとも遅い、4月25日の復活祭は、2038

年にめぐってきます。

子どものころの復活祭は春休みと重なりました。私が住んでいた五島・福江島では、この時期、男の子の遊びの人気ナンバーワンは凧揚げでした。長崎ではハタと呼ぶ、菱形の凧を作って上げました。凧の骨組みは竹で作ります。山から切り出した肉厚の竹を割って、細いひごを二本作ります。二本のひごを十字架状に組み合わせます。組み合わせたひごの先端をよま（丈夫な細い紐）で結びます。菱形になった骨組に障子紙を貼り付けます。まず、凧の骨組の大きさよりやや大きめになるよう、障子紙を貼り合わせます。その紙の上に骨組をのせて、丹念に糊で紙を張り付け、菱形の凧に仕上げます。糊が乾いたら、十字に組み合わせたひごの交差した部分と縦軸の下端に紐を結びます。いよいよ凧揚げです。釣り道具に使うような容器に巻いたよま（紐）を付けて、風に向かって凧を揚げます。最初はなかなかうまく揚がりません。試行錯誤しながら揚げた凧を見上げたとき、うれしさがこみあげてきます。凧が引くよま（紐）の手ごたえは、今もよみがえります。

凧揚げはたいてい、畑のそばでやっていました。濃い緑色の麦が勢いよく伸びていました。凧が落ちそうになると、あわてて麦畑を走ってしまいました。農家の人に見られたら、大目玉を食らうところです。上空には賑やかなヒバリのさえずりが聞こえていました。

五月は聖母月

2010年5月号

カトリック教会には、いろいろな習慣があります。一つの習慣が長く続くと、いつしか、それは、当りまえのようになっていきます。やがて、その習慣はいつ、どこで始まったのか分からなくなってしまいます。そんな習慣の一つが「五月は聖母月」ではないでしょうか。

カトリック教会では、五月を聖母月と呼んでいますが、いつから、こう呼ばれるようになったのか、はっきり分かりません。でも、世界中で五月に、聖母を特別にたたえるならわしがあります。五月の第2日曜日に「母の日」を祝う習慣は、アメリカで始まりました。もしかしたら、聖母月にちなんで、「母の日」を五月にしたのかもしれません。

五月が来ると、五島列島のたいていの教会で、聖母月の祈りがささげられると思います。

私が小学生のころ、楠原教会（水の浦小教区の巡回教会）でも、聖母月の習慣がありました。夕方5時過ぎから教会で、共同でロザリオの祈りを唱えました。放課後、子どもたちの多くが教会に集まりました。聖堂の祭壇に向かって右側に女子、左側に男子と席が決まっていました。聖堂の床は板張りです。そこに、正座して祈るのが当たりまえでした。ときどき、ひざまずくこともあります。たとえば、ロザリオの祈りでは、始まりから第1の黙想まではひざまずきます。第2の黙想から第4の黙想まで正座です。最後の第5の黙想で、またひざまずくといった具合です。板張りの正座、今では考えられませんが、小学生のころは平気でした。しかも、30分くらいの説教でも正座していました。内容が難しいので、退屈ですが膝を崩すことは許されません。行儀の悪い姿勢をとると、後ろの席にいる教え方（要理指導者）さんからゲンコツが飛んでくるのです。

聖母月の夕の祈りに戻ります。ロザリオの祈りの先唱は、女子の担当でした。小学校の高学年の5、6人が受け持ちました。声をそろえての祈りの声は、美しく響きました。天使の声に近かったかもしれません。ロザリオが終わると、聖母月の聖歌をうたいました。いくつかの聖歌のうちで、今も耳にこだまするのは、「たーのしーくーも」（カトリック聖歌集354番）です。それに続く歌詞はこうです。

「まつる五月（さつき）の／ほぎうたよ／調（しら）べさやかに／天（あめ）にひびけよ」

聖心の月

2010年6月号

6月は「聖心の月」と呼ばれています。「聖心」は、聖心女子学院の略称でもありますが、「聖心の月」の「聖心」は「みこころ」と読みます。聖母月と同様、「聖心の月」も、いつから6月がこう呼ばれるようになったかは、はっきりしません。

そこで、私流の推測です。聖心の信心は、17世紀の聖人、聖マルガリタ・マリア・アラコク（1647～1690年）に由来すること間違いありません。マルガリタは、24歳のとき、フランス・ブルゴーニュ地方のパレ・ル・モニアルにある聖母訪問修道会に入会します。入会3年後の修練期中の1673年12月、聖体の前で祈っているとき、マルガリタは初めてイエズスの愛のシンボル、聖心のビジョン（幻視）を体験しました。翌年の6月の初めての金曜日に、イエズスは輝く五つの傷を現し、人びとに対する愛をマルガリタに示されました。さらに、1675年6月の聖体の祭日に、「聖心の祭日」の制定と初金曜日の「聖心の信心」を広めるよう、イエズスはマルガリタに命じられました。聖心の祭日は、聖体の祭日（キリスト教国では三位一体の祭日の次の木曜日に祝われています。）の8日後の金曜日です。マルガリタは、指導司祭のクロード・ラ・コロンビエール神父（1992年に列聖）の助言に従って、イエズスのメッセージを教皇に伝えました。マルガリタは1690年10月17日に43歳で亡くなります。（列聖は1920年）それから75年後の1765年に、教皇クレメンス13世はマルガリタのメッセージを公認しました。クレメンス13世の公認を確認するように、1856年、ピオ9世は全世界のカトリック教会に向けて「聖心の祭日」を制定されました。それ以来、毎年、聖体の祭日の後の金曜日の次の金曜日（日本では聖体の祭日が日曜日にあたるため、その週の金曜日）が「聖心の祭日」と定められています。今年は6月11日の金曜日です。

そこで、なぜ、6月が「聖心の月」になったか、です。まず上に述べた主な出来事が、6月に縁が深いことに気付きます。聖マルガリタがイエズス様のご出現を受けて、初金曜日の信心と聖心の祭日の勧めをいただいたのは、いずれも6月です。また、聖心の祭日が回って来る確率は6月が一番高いのです。つまり、聖心の祭日は6月に祝われることが多いわけです。こういった理由で、6月が「聖心の月」になったのだろう、と私は思っています。

仁川教会では、毎月、初金曜日に10時からミサがあります。このミサに連続して与る人には、死を迎えるとき、特別なお恵みが与えられると言われています。

昔の五島の祈り　あれこれ

2010年7月号

五島の教会では、ミサ前に唱える共同の「朝の祈り」がかなり長かった。15分くらいかかった。まず「聖霊来りたまえ。信者の心に満ちたまえ」で始まった。主の祈り、天使祝詞、使徒信経、信徳唱、望徳唱、愛徳唱、に続いて、長い繰り返しの答唱がある「イエズスの御名の連祷」、「天主の十戒」、「公教会の六つの掟」などが唱えられ、最後に「お告げの祈り」（またはアレルヤの祈り）があって、ようやくミサの開始である。

早朝のミサを「一番ミサ」、その後のミサを「二番ミサ」と呼んだ。ミサの時間を知らせる合図のことを「寄せ鐘」と言い、ミサの30分前に鳴らされた。鐘のない教会では、大きなホラ貝の音でミサを知らせた。共同の祈りの先唱者のことを「先あげ」と言った。昔、五島の教会では、ミサに引き続いて「聖体降福式」という、儀式が行われた。今風に言うと、聖体賛美式のこと。この式の中では、二つほどグレゴリオ聖歌が歌われ、司祭が「オレームス」で始まるラテン語の祈願文を歌った。その後、聖体を捧げ持った司祭が会衆を祝福し、さらに「天主は賛美せられさせたまえ」という司祭の祈りをオウム返しに会衆が唱えて、式を締めくくった。この聖体降福式は、大祝日などに、午後3時ころからあることもあった。そんなとき、信者たちはよく「ごみょうがに行こや」と声を掛け合った。

「ごみょうが」は「御妙賀」と書くのかどうか、はっきりしないが、とにかく、五島では聖体降福式のことを「ごみょうが」とも呼んでいた。

信者たちは、ひんぱんにミサを司祭に頼んだ。たいてい、亡くなった家族の先祖や親せき、親、兄弟姉妹、のために捧げるミサだった。煉獄にいる霊魂を助ける一番有効な祈りがミサと教えられていたからだ。ミサを捧げることを、「ミサを挙げる」、「ミサを立てる」とも言っていた。

日常の祈りで欠かせなかったのは、「お告げの祈り」「食前・食後の祈り」「夕の祈り」であった。昼の12時になると、「お告げば言おうや」と声を掛けて、「主のみ使いの告げありければ」「マリアは聖霊によって懐胎したまえり」と唱えた。食前の祈り、食後の祈りは、略して「食前」、「食後」と呼んでいた。一日の終りの祈りは、家族全員そろって唱える「夕の祈り」。夕の祈りには、必ず「聖マリアの連祷」が付け加えられた。五島の信者の生活は祈りに始まり、祈りに終わる毎日だった。

終戦の日のかすかな記憶

２０１０年８月号

１９４５（昭和20）年８月15日の夕刻、五島の海の伝馬船の上で「戦争が終った」ことを知った。この日は聖母被昇天の大祝日だった。家族一同ミサに与った。ミサのあった水の浦教会の下の港を出て、手漕ぎの船は、静かな白石湾を滑るように進み、奈切の浜に向かっていた。船に乗っていたのは、私のほか、母（34）、姉（9）、兄（7）、弟（0）、祖母（70）、それに親戚の船頭さんだった。当時、３歳８か月の私には、はっきりした記憶はない。母親たちの会話から「戦争が終わった」という、ほっとした雰囲気が伝わったような気がする。

私たちの家族は、戦災を避けて前年の昭和19年４月に、神戸から五島・福江に渡った。

はじめ、民家風の福江教会の建つ敷地内に居候し、昭和20年春、父方の親戚、奈切家を頼って水の浦教会の近くに移った。

昭和23年春、長女の姉は小学校を卒業して、すぐ水の浦の修道院（女部屋）に入った。水の浦の女部屋は、明治29年ころ、水の浦の帳方（信者代表）水浦久三郎の長女、カネが創設した。水浦家の血筋を引く姉が、先祖が建てた女部屋に導かれたのは自然だったかもしれない。しかし、わずか12歳の娘を手放す母親にとっては、つらい決断だったろう。

そのころ、私たちが住んでいた所は、西楠原というカトリック集落だった。ここに、キリシタンたちが住み着いたのは、江戸時代末期の１７９７年ごろであった。大村藩の外海地方から移住してきた。楠原は福江島の内陸部にあたり、どこにも海が見えない田園地帯になっている。土地を開墾して農地を造るのに適した土地であった。もっとも肥沃な平坦な場所には昔から仏教徒が住んでいた。ここを中楠原と呼んだ。同じ楠原でも、やや斜面の多い地域にも移住キリシタンが住んでいた。東楠原である。東楠原と西楠原の間に、仏教徒の集落、中楠原があった。キリシタンたちが移住して70年ほどたった明治初年、五島をキリシタン弾圧の嵐が襲った。東西の楠原の主だった男性信者たちが捕らえられ、棄教を迫られた。それでも拷問に耐えたキリシタンたちは、信仰の自由を勝ち取った。１９１３（大正2）年には、レンガ造りの本格的な天主堂を建てた。天主堂は２０１３年に、献堂１００周年を迎える。

８月15日、終戦の日。聖母被昇天祭。五島・水の浦教会は被昇天の聖母を保護者に仰いでいる。今年も聖母への賛美の歌がこだますることだろう。

主の十字架を崇め、称えよう

2010年9月号

アシジの聖フランシスコ（1182～1226）は、もっともイエス・キリストに似た聖人と言われている。聖フランシスコは晩年、キリストに似たものになりたい、との熱望がかなえられ、聖痕（STIGMA）と呼ばれる傷を受けた。

聖痕は、イエス・キリストが十字架上で受けた5つの傷のことである。十字架に磔になったときの、両手、両足の釘による傷、兵士によって槍で突かれたときの刺し傷である。聖フランシスコが聖痕を受けたのは、死の2年前の9月17日のことであった。場所は、イタリア中部の人里離れたラベルナ山中であった。ここで、聖フランシスコは、9月29日の大天使聖ミカエルの祝日前の40日間の断食をしながら祈りと瞑想のときを過ごしていた。その期間には、9月14日の十字架称賛の祝日も含まれている。聖フランシスコは、かねがねイエス・キリストが十字架上で受けた痛み、苦しみをも味わいたいと切に願っていた。その願いがかなえられるかのように、不思議な体験をする。そのときの模様を、弟子の一人が記録している。

聖フランシスコの頭上に、十字架に架かったイエス・キリストが現れた。その姿は、6つの翼を持った天使、セラフィムのようでもあった。その神秘的な十字架像から放射された光が、聖フランシスコの両手、両足、胸を貫いた。その瞬間、聖フランシスコの体には、5つの聖痕が刻まれたのである。そのときから亡くなるまで、聖フランシスコは、絶えず出血し、痛みをともなう傷を負いながら生活した。しかし、聖フランシスコは、自分が受けた5つの傷を絶対に人目に触れさせなかった。聖フランシスコの死後、医師が遺体を調べ、間違いなく聖痕があったことを証明している。聖痕の調査の場面を、ジョット派の画家が描いている。その絵は、アシジの聖フランシスコ大聖堂（上部聖堂）の壁に残っている。

聖フランシスコは、カトリック教会史上、聖痕を受けた人の第一号となった。もっとも古い聖痕の記録を持つ聖フランシスコに対し、もっとも新しい聖痕の持ち主をご存じだろうか。その人の名は、聖ピオ・ピエトレルチーナ（1887～1968）という。聖フランシスコと同じ、小さき兄弟会（カプチン・フランシスコ会）の司祭だった。聖ピオは、南イタリアの田舎町ロトンドで、世界中から訪れる人々の告白を聴き、生きている聖人とたたえられていた。

ピオ神父が聖人に挙げられたのは、死後34年たった２００２年。異例の早さであった。記念日は9月23日である。

9月14日は十字架称賛の祝日、17日は聖フランシスコの聖痕記念日、23日は聖ピオの記念日。9月は、主の十字架を称え、その恵みに深く感謝して過ごそう。

五島列島のカトリック信者は、全島民の14パーセント　２０１０年10月号

五島巡礼を企画したところ、あっという間に定員の20名が申し込んで来られた。五島への関心の高さがうかがわれる。キリシタンの古里、五島のイメージはカトリック信者の心に根付いているようだ。

五島とは、長崎県五島列島を指す。平成の大合併で五島市（旧福江市と旧富江町、岐宿町、三井楽町、玉の浦町、奈留町の合併）と新上五島町（旧奈良尾町、有川町、新魚目町、若松町、青方町の合併）の二つの自治体になった。平成21年末の人口は、五島市が４０，９３３人、新上五島町が２３，５７２人である。カトリック信者の数はどうか。五島市に３，５６１人、新上五島町には５，８６６人住んでいる。全人口にカトリック信者の占める割合は、五島市で約９パーセント、新上五島町で約25パーセントになる。新上五島町では、住民の約４分の1、つまり４人に一人がカトリック信者という割合になる。五島列島全体で見ると、全人口は６４，５０５人、カトリック信者は９，４２７人である。カトリック信者の割合は、人

口の14パーセントになる。五島列島全体では、10人に一人はカトリック信者がいることになる。

日本全体の人口に占めるカトリック信者の割合は、０.００５パーセント。１０００人のうち、５人くらいしか信者はいない。五島の信者比率が、日本では驚くほど高いことが分かる。

それでは、五島にはいくつの教会があるか。新上五島町には11の小教区と、19の巡回教会。五島市には８つの小教区と12の巡回教会が置かれている。巡回教会とは、司祭が常駐せず、日曜日ごとに司祭が出向いてミサをささげる教会を指す。小教区の聖堂と巡回教会の聖堂を合わせると、現在、五島には全部で50の地域にカトリックの教会堂が建っている。

五島のカトリック教会の特色の一つに、昔の「女部屋」から発展した、お告げのマリア修道会が大きな働きをしていることがあげられる。同修道会のシスターたちは、幼児教育と老人福祉事業で土地に深く根を下ろした活動をしている。シスターたちの事業体は五島列島全域に及んでいる。日本で最古といってもいい、児童養護施設を２か所持っている。ほかに特別養護老人ホーム３か所、デイサービスセンター2か所、保育園13か所を運営している。シスターの修道院は、新上五島町に5か所、五島市に7か所ある。小教区の典礼奉仕、子どもたちの教理教育などは、ほとんどシスターたちが受け持っている。五島市では、20代から90代までの各世代のシスターが104人、上五島では61人が祈りと働きにいそしんでいる。市や町の人々もシスターたちに全幅の信頼を寄せている。

五島キリシタンの先駆者、ドミンゴ 森 松次郎のこと　2010年11月号

江戸時代後期（1790年代から1800年代）、長崎・大村藩から五島列島に移住した潜伏キリシタンの数は約3，000人と言われる。その子孫にドミンゴ森松次郎という人がいる。五島の信者の代表的な一人である。松次郎は、上五島・鯛の浦地区に住んでいたが、キリシタン狩りの役人の目をくらますために、のちに離れ小島の頭ケ島に移った。

1865年3月、長崎・大浦天主堂で浦上キリシタンたちがプチジャン神父と劇的な出会いをした。この、いわゆる信徒発見は、五島の信者たちにも人づてに広まった。長崎から100キロも離れている島から、代表が長崎のプチジャン神父に会いに行った。松次郎のいた上五島からは、1865年12月、鯛の浦、冷水、中の浦の代表がプチジャン神父に指導を仰ぎに行った。そのとき、松次郎はプチジャン神父宛の手紙を託した。「どうぞ、あなた様がこちらにお越し願います。私の二階に隠れ場を用意しております」と書かれていた。この松次郎の要望

にこたえて、プチジャン神父は同僚のクザン神父を密かに上五島に送った。まだ、キリシタン禁制が解かれていない時代だった。1867年3月のことである。神父は、鯛の浦の松次郎宅で、教理を教え、洗礼、告解(ゆるしの秘跡)、聖体を授けた。同年4月には、頭ケ島の松次郎宅でクザン神父は秘跡を授けている。

しかし、1868(明治元)年になると、五島にもキリシタン迫害の嵐が吹き荒れた。頭ケ島の松次郎宅に信者たちは押し込まれて、苦しめられた。それでも、すきを見てそこを脱出した松次郎は家族とともに長崎の浦上に逃れた。その後、プチジャン司教に学識を認められ、香港とマニラに連れて行かれた。昔、日本で発行されたキリシタンの本を探すためであった。そのとき見つかった本を松次郎は日本に持ち帰り、大浦天主堂で出版する仕事を手伝った。「ロザリオ記録」や「ドチリナ・キリシタン」などの原稿を作り、印刷した。

浦上信徒が各地に追放された時期、松次郎は大浦天主堂に潜伏した。キリスト教の信仰が公に許されてからは、長崎・南山手に住んだ。流浪の旅を続けた家族は、妻と4人の娘たちだった。妻カタリナとはが亡くなった後、4人の娘たちはそろって、幼きイエズス会の修道女となった。松次郎は、南山手にできた孤児院の世話や、平戸、黒島、生月、大島などを巡回して布教活動にあたった。松次郎が亡くなったのは１９０２（明治35）年2月26日。68歳だった。まさに波瀾万丈の生涯であった。ドミンゴ森　松次郎は、五島キリシタンの忘れられない先駆者である。

12月8日、無原罪の聖マリアの祭日をお忘れなく

２０１０年12月号

去る11月11日、五島巡礼最終日に、新上五島町の鯛之浦教会を訪ねた。ここには、美しいルルドがあり、上五島地区の信者たちの参詣地となっている。鯛之浦ルルドの聖母マリア像の後輪には、フランス語の「原罪なく宿されたもの」という意味のローマ字が掲げられている。このようなルルドの聖母像は珍しい。ルルドと無原罪の宿りは、切っても切れない関係にある。ルルドの聖母像に「無原罪の宿り」を示す言葉が付けられているのは、ふさわしいアイディアだと思う。

聖母マリアの「無原罪の宿り」については、カトリック教会の神学者の間で長い論争が続き、なかなか統一見解が示されていなかった。

聖母マリアの「無原罪の宿り」の教義が公式に宣言されたのは、１８５４年12月8日に発布された、教皇ピオ9世の回勅である。このときから、全世界のカトリック教会では、毎年12月8日を、「無原罪の聖マリア」の祭日として祝っている。

1858年2月11日、フランスの田舎町ルルドで、見目うるわしい女性が土地の少女ベルナデッタに姿を現した。ベルナデッタはその女性がだれなのか、分からなかった。女性の出現は、数回繰り返された。「罪びとの改心のために祈りなさい」「償いをしなさい」とすすめられたベルナデッタは、16回目の出現のときに尋ねた。「あなたのお名前はなんですか」。

ベルナデッタが聞いた女性の答えは驚くような名前だった。「わたしは原罪なく宿ったものです」。無学の少女、ベルナデッタには意味不明の言葉だった。ベルナデッタは、女性が口にした言葉を、反復しながら、大急ぎで教会に行き、司祭に告げた。ベルナデッタが聞いた言葉は、「無原罪の宿りです」だった。ベルナデッタには意味が分からなかったが、司祭にはピンと来た。ベルナデッタに出現した女性は、間違いなく聖母マリアの「無原罪の宿り」の教義を公認してから4年後のことだった。「無原罪の宿り」の教義は、聖母マリアご自身によって証明された形となった。

長崎の浦上天主堂は無原罪の聖母にささげられている。かつて、東洋一とうたわれた天主堂の中央祭壇に木製の無原罪の聖母マリア像が安置されていた。原爆で崩壊した天主堂跡で、トラピスト会の野口嘉衛門神父は焼け残った聖母像の頭部を見つけた。戦後の混乱期に北海道トラピスト修道院の野口神父の自室に飾られていた聖母像は、現在、浦上天主堂に返還されている。今年5月、高見長崎大司教は、被爆の聖母マリア像を携えて、ニューヨークの国連本部とバチカンを訪れ、核兵器廃絶を訴えた。奇しくも12月8日は太平洋戦争の開戦の日。再び戦争が起こらないように無原罪の聖マリアに祈りたい。

絶対に裏切らない武将、高山右近

2011年1月号

「歴史、それは絶え間なく流れる大きな河、その中のひとしずくを秘話と呼びます」。こんな台詞が流れるNHKのテレビ番組があります。水曜日、午後10時から始まる「歴史秘話ヒストリア」です。去る12月1日放映のタイトルは「絶対に裏切らない男！高山右近」でした。

偉大なキリシタン大名、ということは知っていても、高山右近の生涯について、私たちはあまり知りません。そんな視聴者に、今回の「歴史秘話ヒストリア、高山右近」はとても役に立つ話でした。私たち、キリスト信者にとっては、願ってもない、キリスト教の宣伝番組になっていたと思います。

和服姿の渡辺あゆみアナウンサーは、こう紹介しました。「絶対に裏切らない武将、高山右近。下克上の戦国の世にあって、愛を信じ、誠実に生きる道を貫こうとします。」続いてナレーションのクライマックスです。「背筋がすっと伸びるような、きりりとした生き方をごらんください」。高山右近の生き方が褒められているのですが、こちらまでうれしくなるような語りかけではありませんか。

高山右近の人生を大きく変えた事件があります。番組では、親友であり、兄弟同然の和田惟長を、高山右近が殺す場面がありました。この事件については、歴史家の見方が定まっていないようです。しかし、この事件を機に高山右近は、高槻城主になります。「汝の敵をも愛せよ。迫害する者のために祈れ」とのデウスの教えを心に秘め、信仰を深めていったのではないでしょうか。

高槻では、寺を破壊することなく仏教徒に対してもやさしく接し、領民の葬儀では棺を担いだとも言われます。高槻城主になったのは、わずか21歳のときです。高槻で12年間を過ごし、次に明石城主となります。

まもなく、高山右近を予期しない出来事が襲います。主君、豊臣秀吉が出した「伴天連追放令」です。秀吉は、右近にキリスト教の棄教を迫りました。しかし、高山右近は、いさぎよく領地を返還し、信仰の道を歩む流浪の旅に出ます。小西行長の領地、小豆島に身を隠した後、前田利家の招きに応じて金沢に赴きます。1614年11月、徳川家康の禁教令によって、多くの外国人宣教師と共に、フィリピンへ追放されました。翌年2月、マニラで63歳の生涯を閉じました。35歳の若さで大名の地位を捨て去り、亡くなるまでの28年間、キリスト教の信仰を貫き通した高山右近。その生き方は、あっぱれ、としか言いようがありません。関西の地に、このような偉大な武将がいたことを誇りにしようではありませんか。

30年前の教皇訪日、あの感動をもう一度

2011年2月号

1981年2月23日。日本全国のカトリック信者が沸いた出来事がありました。教皇ヨハネ・パウロ2世の日本訪問です。1978年10月に選ばれたポーランド出身の教皇は、就任直後から世界各地を巡り、行く先々で爆発的人気を博していました。

日本に到着したときの教皇は60歳。元気いっぱいでした。午後3時過ぎ、小雨の降る羽田空港にフィリピン航空機で到着。タラップを降りると、まず大地に接吻して、日本に敬意を表しました。すぐ、東京カテドラル聖マリア大聖堂に向かいました。大聖堂玄関で教皇が発した第一声に皆、驚きました。「ついに日本の土を踏むことが出来、うれしく思います」。よく通る声で、日本語であいさつしたのです。かたわらで、教皇に傘を差しかけているのは、今、仁川教会にいる西山達也神父です。日本訪問が決まってから、約2カ月半、教皇に日本語の特訓をしたのが西山神父でした。その日、教皇は同じポーランド人の老修道士と会いま

した。蟻の街の神父と呼ばれた、ゼノ修道士です。寝台車で病院から運ばれて来たゼノ修道士の肩に手を置いて、教皇は長年の労をねぎらいました。すでに話ができない状態になっていたゼノ修道士は、両手で教皇の手を握り、嗚咽を繰り返すだけでした。夜7時のNHKのテレビニュースが、この場面を流しました。教皇と老修道士の対面は、日本全国の人々の感動を呼びました。翌日の全国紙も、社会面で大きくこのニュースを伝えました。

2月24日は午後2時から東京・後楽園球場で教皇ミサがありました。夜7時半からは、日本武道館で「ヤング・アンド・ポープ」(教皇と若者)大集会が開かれました。この模様は、日本テレビで放映されました。2月25日、教皇は広島で、9カ国語の「平和アピール」と長崎で司祭叙階式をしました。2月26日、長崎の街は珍しく朝から雪に覆われました。午前9時から、松山陸上競技場で、教皇ミサがささげられました。奄美大島や五島から船をチャーターして信者たちがミサに集いました。教皇は、吹雪の中、熱心に祈る信者をたたえ、励ましました。この日午後、教皇は、日本26聖人殉教地、聖コルベゆかりの聖母の騎士修道院、純心聖母会の原爆ホームなどを訪問して、夜10時、長崎空港から帰途につきました。

教皇の日本訪問から、ことしはちょうど30年になります。あのとき教皇を迎えて、全国のカトリック信者の心は燃えました。より一層の福音宣教を誓ったものです。あれから30年、あの感動をもう一度思い起こし、信仰を再び燃え立たせようではありませんか。若い世代の皆さんには、教皇訪日関連のビデオテープ観賞をおすすめします。

いつの日か、仁川教会で司祭叙階式を

2011年3月号

3月は卒業シーズンです。この卒業シーズンに合わせて、カトリック教会では、3月に司祭叙階式をおこなう習わしがあります。

1968（昭和43）年3月20日、私は、東京・四谷の聖イグナチオ教会聖堂で叙階されました。イエズス会員9名、コンベンツアル聖フランシスコ修道会員2名、合わせて11名の同時叙階でした。その中に、池長潤大阪大司教の姿もありました。

司式は、白柳誠一東京補佐司教（当時）でした。最近では、一度に10名もの新司祭が誕生することは、日本ではほとんど期待できません。しかし、40年前ころまでは、10名くらいの司祭が一挙に生まれることは珍しくありませんでした。そのころは、毎年、3月になると、新司祭の顔写真入りのリストが、カトリック新聞に必ず掲載されていました。それを見るのが楽しみでした。新司祭の顔写真を見ながら、やがて自分の番がやって来ると期待に胸をふくらませたものです。

新司祭の誕生は、司祭の出身地の小教区にとっては、たいへん喜ばしい出来事です。司祭を誕生させることは、小教区の信仰のバロメーターのようなものです。私の出身地は五島・福江島の水の浦教会です。この教会からは、明治時代、すでに3人の邦人司祭が生まれています。昭和に入ってからも、昭和30年代までに、6人の司祭が生まれました。水の浦小教区にとって、誇らしいのは昭和40年から44年にかけて、5年連続で、新司祭を輩出していることです。日本一信者数の多い、長崎・浦上教会ですら、5年連続の新司祭誕生はないと思います。この5年連続の司祭誕生に私も一役かっています。5年連続の年と司祭名は次の通りです。昭和40年、中浜一男神父(福岡教区)、同41年、八窪清神父(高松教区)、同42年、赤窄富雄神父(大阪教区)、同43年、水浦征男神父(コンベンツアル聖フランシスコ修道会)、同44年、山川忠神父(長崎教区)。水の浦教会から、5年間も毎年司祭が誕生したことは、そこに住む信者たちの信仰の現れではないでしょうか。信者たちの熱心な祈り、励ましが神学生の後押しとなったのです。

仁川教会出身の司祭は、谷大二浦和司教をはじめ、岸神父(故人)、吉岡秀紀神父、などがおられます。しかし残念ながら、現在、司祭候補者は一人もいません。

いつの日か、仁川教会で司祭叙階式ができるよう、一人でも二人でも、私たちの努力で若者を神学校に送ろうではありませんか。そのためには、祈りとともに、皆さんの努力が必要です。幸い、仁川教会には、司祭候補者になれる男子小学生が大勢います。大いに期待できます。

五島キリシタンの信仰を保った伝道学校

２０１１年４月号

春４月は、日本では入学の季節です。復活節もこのころです。昔、五島で復活祭の朝、教会に行くと、祭壇に桜の花が飾られていることがありました。４月初めに復活祭が祝われるときです。桜の季節になると、五島の山々には、白い山桜の花が点々と咲いているのが見えました。桜の季節の復活祭に私が通った楠原の教会では、枝いっぱいに咲いた山桜の木の枝を切って来て、大きな花瓶に生けていました。まさに豪快な生け花です。桜の花の香りとともに「いざいざ、よろこべ」と歌う雰囲気が好きでした。今はもう、あの光景は見られないでしょう。

入学と言えば、五島には変わった学校がありました。日本のどこにもないユニークな教育機関です。その名は、伝道学校です。五島列島は福江島を中心とする下五島と中通島を中心とする上五島に分けられます。下五島には長崎港からフェリーや高速船が出ます。それに対し、上五島には主に佐世保港からフェリーや高速船が出ています。伝道学校は、下五島の堂崎と上五島の青砂ケ浦にありました。歴史は青砂ケ浦伝道学校が古く、1911（明治44）年に創設され、1951（昭和26）年まで開設されていたといわれます。堂崎伝道学校は1914（大正3）年に創設され、1929（昭和4）年まで続きました。

伝道学校の目的は、五島各地にある教会の信徒たちの教師を養成することでした。ここでカトリックの教理を学び、身につけた知識を、それぞれの故郷の教会で信徒教育に生かすのです。伝道学校の学生は、各小教区から選抜された若者でした。福江島の堂崎伝道学校の場合、次のような記録が残されています。第一期生は男性クラスで23名、第二期生は女性クラスで33名、第3期生は男性クラスで33名、第4期生は女性クラスで31名となっています。男性組と女性組に分かれて、交互に勉強したようです。勉強する科目は、主にカトリックの教義と聖書でした。伝道学校の修業年限は3年間でした。住み込みで3年間の勉強というのは、生半可なものではありません。まさに勉強漬けの毎日です。3年間の生活にかかる費用は、派遣する小教区教会が負担しました。伝道学校の卒業生は、自分の小教区に帰ってから、信徒たちの教理教育を任されました。五島では、教理指導係は「教え方」と呼ばれます。信徒たちは尊敬をこめて「教え方さん」と呼びました。

伝道学校を卒業した人は、その後、12年間、自分の小教区で教理指導係として奉仕しました。日曜日のミサ後、信徒たちに教理を解説しました。もちろん、無報酬です。先祖から受け継いだ教えを大事に守っていきたい、という信仰が伝道学校を生んだのではないでしょうか。

新福者ヨハネ・パウロ二世おめでとう

2011年5月号

今年の5月1日（日）、復活祭の次の日曜日は「神のいつくしみの主日」です。この日、バチカンのサン・ピエトロ広場で前教皇ヨハネ・パウロ二世の列福式が行われます。「神のいつくしみの主日」は、ポーランド人修道女、聖ファウスティーナが受けたイエス様のメッセージに根拠があります。ヨハネ・パウロ二世は修道女、ファウスティーナを聖人の位に上げるとともに、「神のいつくしみの主日」を設けました。自らが定めた「神のいつくしみの主日」に福者に上げられるとは、前教皇も予想していなかったでしょう。これこそ、神のいつくしみ深い、ご配慮なのでしょう。

ヨハネ・パウロ二世は、6年前の4月2日に亡くなられました。この前教皇の思い出は鮮明に残っています。私たちと同時代を生きた人が、聖人に近い福者になられると思うと、聖人が身近に感じられます。

前教皇は、日本を初めて訪れた教皇として忘れることができません。今年は、日本訪問からちょうど30周年の節目の年に当たります。思えば、30年前の5月、日本訪問を終えて3か月後の1981年5月13日、ヨハネ・パウロ二世を襲った事件があります。サン・ピエトロ広場で一般謁見中、起こった暗殺未遂事件です。トルコ人の狙撃手、アジャが放った銃弾は教皇の腹部に命中しました。ただちに病院で弾の摘出手術を受けた教皇は一命をとりとめました。まさに九死に一生を得たのです。奇跡的に助かったと言われます。

5月13日という日は、ポルトガルのファティマでの聖母出現の記念日として広く知られています。ことのほか、聖母マリアへの崇敬の念の深かった教皇は、死を免れたのはマリアのお陰だと信じました。怪我がいやされた教皇は、ファティマに巡礼して、感謝の祈りをささげました。

ヨハネ・パウロ二世は、事件から2年後のクリスマスに狙撃犯、アジャ青年をローマの刑務所に訪ねました。そこで、アジャと親しく会話を交わし「こころからゆるします」と伝えたのです。それは、十字架上で「ゆるします」と言われたイエス様と重なる情景でした。逝去後、わずか6年で福者に上げられるのも、納得できます。福者に上げられると、教会に祭壇が設けられます。神様の近くで、私たちの祈りを取り次いでくださいます。

日本を訪れ、日本を見て、日本人と話した福者ヨハネ・パウロ二世は、今、苦難の最中にあるこの国をきっと、助けてくださるに違いありません。5月は、聖母月です。聖母とともに福者ヨハネ・パウロ二世に賛辞を贈り、取り次ぎのお恵みを祈りましょう。

歌謡曲とボウリングを愛した司祭の殉職

2011年6月号

「私の城下町」という歌謡曲があります。1971年、ヒットさせたのは小柳ルミ子さんです。この歌にからんで、忘れられない思い出があります。東京・赤羽修道院にいて教会の主任司祭を務めていた、アントニオ・ファザニ梁神父様のことです。梁神父様がよく、「わたしのじょうかまち」と口ずさみながら、赤羽修道院の3階までの細い長い階段を駆け上がっていたのです。

梁神父様の出身地は五島列島の奈良尾町福見でした。中学生のときから、長崎の聖母の騎士小神学校で学びました。筆者が中1に入学したとき、梁さんは、高校2年でした。神学校では、中1から高3までの6学年を縦割りにして、12の班に分けられていました。私が入れられたのは第9班で、そこに高2の梁さんがいたのです。梁さんは、高校から修道院に入りました。修道会入会を決意し、修道服を着る儀式「着衣式」で、修道名を付けてもらいました。「アントニオ・ファザニ」でした。アントニオ・ファザニはコンベンツアル聖フランシスコ修道会の聖人です。梁さんは、略称して「ファザニ」と呼ばれるようになりました。1960年、梁さんは、神学を修めるためにイタリア・アシジ国際神学校に派遣されました。

1964年にアシジで司祭に叙階され、ファザニ梁神父になりました。帰国後は、東京・赤羽教会の助任司祭に任命されました。当時の主任司祭は、後に仁川修道院に移るアルフォンソ大水如安神父様でした。その翌年の1965年春には、新司祭のエフレム浜口勇神父様も赤羽教会に赴任します。赤羽教会勤務を終えた浜口神父様は、仁川教会や仁川学院で長年、働きました。梁、大水、浜口の3人の司祭がいる赤羽教会で、筆者は助祭として1年間手伝いました。1967年から68年にかけてです。教会で朝のミサがない日は、1年に2回しかありません。復活祭の前の聖週間の木曜日と金曜日です。この日を選んで、ファザニ梁神父様とボウリングに行きました。私が赤羽教会に手伝いに行っていた時代、全国でボウリングブームが起こっていました。夜のゴールデンアワーにボウリング番組がいくつもあったくらいです。梁神父様はボウリング好きで、マイボールやマイシューズを揃えるほどの熱の入れようでした。

ボウリングや歌謡曲を愛したファザニ神父様は、あっけなく天に召されました。１９７６年1月、赤羽教会で結婚式を司式中、クモ膜下出血で倒れたのです。病院に運ばれましたが、数日後に亡くなりました。司祭が儀式中に命を落とす、というのはいわば殉職といえましょう。「私の城下町」を聞くと、思い出すのはファザニ梁神父様のことです。

それぞれ、神様が用意された道を歩んでいる

2011年7月号

1954年は昭和29年である。私は、この年の4月に聖母の騎士学園の中学1年に入学した。そのころの聖母の騎士学園中学校は、全寮制神学校だった。それでも文部省が認定した中学校だった。コンベンツアル聖フランシスコ修道会の司祭を志す中学生、高校生が寝食をともにしていた。中1から高3まで、合わせると約100人がいた。高校2年、高校3年の生徒数は少なかった。学年が上になると、少しずつ生徒数が減っていった。

私のクラスは中1に入ったとき、17人でスタートした。17人の出身地別の数は、次のようだった。長崎市2人、佐世保市4人、平戸島5人、下五島3人、上五島1人、熊本県1人、西彼杵郡1人。この17人の中、高3まで進んだのは9人だった。高校を卒業して修練院に進んだのは7人。修練を終えて初誓願を立てたのは3人だった。長崎から東京の大神学校に進んだのはこの3人である。1961年、昭和36年4月だった。哲学科1年を終えた翌年、1人が去って行った。このとき、

中1から数えると8年が過ぎていた。さらに哲学科2年、神学科4年の6年間の神学校生活を終えて司祭叙階を迎えた。1968年3月、中1から数えて14年後、残ったのは1人だけだった。中1に入学した生徒の中、司祭になったのは私1人だけという結果になった。私が残ったのは、私が優れていたわけではない。たまたま、結果的に、1人になったという他はない。

神学校を辞める理由はいろいろある。勉強、健康、家庭、異性問題などなど。私が司祭になれたのは、14年間、なんとか神学校生活が続けられたからなのである。神学校を辞めたい、司祭への道を断念したい、という強い気持ちが起こらなかった。一方、神学校や修道会の上長からも退会勧告を受けることがなかった。小神学校時代、ポーランド人修道士のロムアルドさん（のちに仁川修道院に転任）が、私たちの生活指導係であり、舎監だった。ロムアルドさんから「この学生はダメ」と言われたら、神学校に留まることは無理だった。ロムアルドさんから「あなたは辞めたほうがいい」と言われなかったので、先に進むことができた。気が付いたら、17人いた同級生が1人になっていた。自分が辞めてしまうと、17人がゼロになる。もう辞められないな、という気持ちになった。

年に一度、昔の同級生が顔を合わせる。そこでは、歳を忘れて少年時代を語り合う。神学校を辞めて社会に出た同級生たちの、若き日の苦労話に耳を傾ける。それぞれ、神様が用意された道を歩んでいるようだ。昔の神学校のスパルタ教育も無駄にはなっていない。

「長崎の鐘」「永井博士」「世界平和」

2011年8月号

「長崎の鐘」という歌がある。1949年、昭和24年に発表された。この歌の作詞はサトウハチローさん、作曲は古関裕而さん、歌い手は藤山一郎さんである。いずれも日本を代表する作詞家、作曲家、歌手である。それに歌のモデルは永井隆博士。これほど、一流の顔ぶれがそろった歌はめずらしい。「こよなく晴れた青空を」で始まる歌詞には、祈りのような美しさがある。①こよなく晴れた青空を 悲しと思う せつなさよ うねりの波の 人の世に はかなく生きる 野の花よ（折り返し）なぐさめ 励まし 長崎の ああ 長崎の鐘が鳴る ②召されて妻は 天国へ 別れて一人 旅立ちぬ 形見に残る ロザリオの 鎖に白き 我が涙（折り返し）なぐさめ…… ③つぶやく雨の ミサの声 讃えるかぜの 神の詩 輝く胸の 十字架に微笑む海の 雲の色（折り返し）なぐさめ…… ④心の罪を 打ち明けて 更けゆく夜の月すみぬ 貧しき家の 柱にも 気高く白き マリア様（折り返し）なぐさめ……

ごらんのように、歌詞は4番まであるが、普通は3番目が省略されて、1

番、2番、4番が歌われている。3番目の「つぶやく雨のミサの声」の歌詞は、ネットで「長崎の鐘」を調べても載っていない。わたしは、歌手のすがはらやすのりさんのコンサートで知った。すがはらやすのりさんは、毎年8月に「平和を願うコンサート」を開き、「長崎の鐘」を熱唱している。

「長崎の鐘」には、ロザリオ、マリア様、十字架、ミサ、罪といったカトリックになじみの言葉が巧みにちりばめられている。信仰深かった永井博士の面影が浮かんでくるようだ。永井博士は、「長崎の鐘」の作曲家、古関裕而さんに、お礼に記念のロザリオを贈った。糸で編んだ粗末なロザリオだった。そのロザリオを古関さんは、晩年、テレビ番組の中で大事そうに手に持って、永井博士との交友を語っていた。ゆかりのロザリオは、今、福島の古関裕而記念館に展示されているはずだ。

今年も8月9日、原爆の日がめぐってくる。あの日、自ら被爆しながら傷病者の手当に奔走した永井博士。亡くなるまで病床で、世界平和を訴えた永井博士。核の恐ろしさを思い知らされた私たちは、今こそ、永井博士にならって、核兵器廃絶を声高く叫ばなければならない。8月9日夜7時半、長崎の原爆落下地点から浦上天主堂まで、平和祈願のたいまつ行列が行われる。行列の後、浦上天主堂で世界平和を祈るミサが捧げられる。私たちも心を合わせて、平和の元后、聖母マリアに、全世界に平和が訪れるよう祈りたい。

浩宮殿下のご質問

2011年9月号

人それぞれ、季節ごとに忘れ難い思い出を秘めているのではないだろうか。9月の思い出をたどると、かつてアシジに滞在していたころ、日本では絶対に経験できないことがあった。

1982年8月から1984年10月までの2年2カ月を「小さき兄弟会」(俗称・フランシスコ会)の発祥の地、イタリア・アシジ大修道院(サクロ・コンベント)で生活した。

1984年9月23日、アシジの聖フランシスコ大聖堂にめずらしいお客様を迎えた。当時、イギリス留学中だった現皇太子、浩宮殿下が見学に来られた。イタリア研修旅行の最初の訪問地にアシジを選ばれたのである。美智子妃殿下の影響で、アシジの聖フランシスコに関心を持たれたのかもしれない。

アシジ修道院在住のただ一人の日本人だった筆者が、浩宮殿下の案内役を引き受けることになった。まず殿下は、クストスと呼ばれる修道院長から貴賓室に招かれた。院長は、記念として修道院の写真集を殿下に贈った。次に院長は、殿下に分厚いサイン帳を差し出し、署名を頼んだ。浩宮殿下は用意された万年筆で、あたかも毛筆で書くように、一画一画ゆっくりと「徳仁」と記された。

大聖堂を案内するうちに、殿下からいくつかの質問が出された。アシジの聖フランシスコ下部大聖堂の中央祭壇近くで、チマブエの作とされる聖フランシスコの肖像画の下に案内した時のことである。「このフレスコ画はチマブエの作品です」と紹介すると、殿下は「どこかにサインか何かあるのですか」と問い返され、一瞬、答えに詰まってしまった。同じ祭壇の斜め上の天井に描かれたジョット派の「キリスト降誕物語」では、幼児虐殺の場面に目を留められた。殿下から再びの質問である。「どうして、幼い子どもたちが殺されているのですか」

上部大聖堂では、ジョットの傑作である28場面の聖フランシスコ物語の壁画を熱心に鑑賞された。聖フランシスコがサンダミアノ教会の十字架像から「私の壊れかかった教会を建て直しなさい」という声を聞いた絵で立ち止まり、カメラのシャッターを押された。その前に、殿下は「写真を撮ってもよろしいでしょうか」と丁寧にことわられた。通常、大聖堂内は撮影禁止なのである。さすがに

「駄目です」とは言えなかった。

大聖堂内には、大勢の外国人巡礼客がいたが、いつの日か日本の天皇になられる方が、そこにいることには気づかなかった。

あれから27年の歳月が過ぎ去った。皇太子殿下ははたして青春時代のアシジでのひとときを覚えておられるだろうか。

「ロザリオの月」の起こり

2011年10月号

「ロザリオの月」、カトリック教会は10月のことを、こう呼んでいます。ロザリオはラテン語の「ローザ」（ROSA）を語源としています。〝ROSA〟はバラの花のことです。ロザリオは、バラの花環とかバラの冠という意味です。マリア様に、美しいバラの花をささげる気持ちが、ロザリオの祈りに籠められているのです。

ロザリオの祈りは、いつごろ生まれたのでしょうか。はっきりした記録はわかりません。一般に、聖ドミニコ（ドミニコ修道会の創立者、スペイン人、1170～1221）の時代と言われています。それを示す印として、ルネサンス時代の有名画家が、聖母マリアからロザリオを授かる聖ドミニコの絵を描いています。

日本にキリスト教が伝わったのは1549年、聖フランシスコ・ザビエルが渡来したときです。聖ドミニコの時代より300年ほど後ですから、ロザリオの祈りは、もう広まっていました。イエズス会宣教師に続いて来日したドミニコ会宣教師たちは、ロザリオの祈りを信者たちに勧めました。

1602年、ドミニコ会の宣教師たちは、鹿児島県甑島に上陸しました。そこの寺を譲り受けて、ロザリオの聖母像を置いて聖堂とし、ロザリオの聖母に奉献したと言われます。1609年には長崎に移り、そこにもロザリオの聖母聖堂を建てました。ドミニコ会員たちは、長崎で「ロザリオ会」という信心会を組織して、ロザリオの祈りを奨励しました。長崎の会員は2万人にも上ったそうです。

徳川幕府によってキリシタン禁制が敷かれ、聖堂は破壊されます。その迫害のさなか、信者たちは一軒の家に集まり、ロザリオの祈りを一緒に唱え、励まし合いました。キリシタン弾圧の時代、信者たちの大きな支え、力になったのはロザリオの祈りだった、といっても過言ではないでしょう。

長崎市西出津のキリシタン資料館には、キリシタン禁制時代の、さまざまな形のロザリオが展示されています。宣教師が一人もいなくなり、ミサや秘跡がなくなったあと、唯一の信心道具として、ロザリオが大切にされていたことが偲ばれます。長崎の中心部で発掘された旧家の跡からも、美しいガラス玉のロザリオの破片が見つかっています。

１５７1年10月、ローマ教皇領にイスラム教のトルコ艦隊が押し寄せて来ました。教皇ピオ5世は、教会を危機から救っていただくために、全信者にロザリオの祈りを熱心に唱えるように、と指令を出しました。祈りは聞き入れられ、教会は救われました。これを記念して10月を「ロザリオの月」とし、ロザリオの祈りに親しむ習慣が生まれたのです。

走るべき道のりを走り通した司祭

2011年11月号

9月17日(土)、長崎駅に近いカトリック中町教会で、長崎教区司祭、アロイジオ中島健二神父様の葬儀・告別式が行われました。午前11時から始まったミサに続いて行われた告別式は、午後1時半になっても終わりませんでした。別れの献花の列が延々と続いたのです。長崎教区司祭の葬儀ミサは、通常、大きな浦上天主堂で行われます。しかし、この日は信者の二つの葬儀が重なったため、やむなく中島神父様の葬儀は中町教会聖堂で執り行われたのです。多くの人々が中島神父様との別れを惜しむ理由は、いろいろありましたが、62歳という若さもその一つです。

2010年9月、平戸ザビエル記念教会主任司祭を辞して、療養に専念しました。武士が戦いのさなか、倒れるのに似て、「司牧」の戦場で病に倒れたのです。病名は、いわゆる肺がんです。入院先は、長崎市の聖フランシスコ病院でした。ここは、戦前は浦上第一病院と呼ばれ、フランシスコ会の事業体でした。原爆の直撃を受けながらも、若き医師、秋月辰一郎氏が懸命に被爆者の治療にあたった由緒ある病院です。現在は、聖フランシスコ病院修道女会の手で運営されています。長崎のカトリック信者には、なじみ深い病院です。司祭、修道女たちもよく通い、入院しています。

中島健二神父様は、ホスピス病棟に入りました。延命治療を断り、自然に死を受け入れる覚悟を決めました。入院して2か月後、余命3か月、と医師から告げられたと言います。終末医療を受けながら中島神父様の活動は続けられました。同じ病棟に介護に通っていた私の知人は、こう語っています。「中島神父様は痩せてこそおられましたが、元気なご様子で病人の部屋を訪れ、お祈りをささげておられました。『今まで15人の信者さんを見送ってきました。あなたのお祖母さんまでは、きちんと送らせていただきますよ』と笑顔でお話ししてくださいました」。中島神父様は、教会を離れて入院しながらも、病人を励まし、最期の秘跡を授け、ともに祈るという、司祭の仕事を続けていたのです。中島神父様の最期の様子を知人は話しています。

「祖母のために祈りに来てくださっている一月半の間に、中島神父様は急速に悪くなられました。鎮痛剤の量が増え、酸素ボンベを携帯して歩くようになり、車椅子で移動するようになって、食事の量が減り、病室にいる時間が増えて、面会も断られるようになっていきました」。

今月、11月は死者の月。中島神父様を偲びながら、私たちも落ち着いて死と向き合えるよう、毎日、祈ることにいたしましょう。

無原罪の聖母と不思議のメダイ

2011年12月号

ちょうど70年前の1941年12月8日、太平洋戦争の火ぶたが切って落とされました。この日は、カトリック教会では、無原罪の聖母の祭日を祝います。この戦争は、4年後の8月15日、聖母の被昇天の祭日に終結します。

聖母マリアへの信心を表すしるしの一つに「不思議のメダイ」があります。「メダイ」はフランス語の「メダイユ」で、英語ではメダルを指します。不思議のメダイの特色は、マリア様ご自身のデザインによって作られているということです。メダイはまたたくまに世界中に広まり、このメダイによって、不思議な奇跡があちらこちらで起こりました。その結果、だれ言うともなく、「不思議なメダイ」と呼ぶようになったそうです。

1830年11月27日、フランス・パリの「ヴィンセンシオ・ア・パウロの愛徳姉妹会」の修道女、カタリナ・ラブレに聖母マリアのご出現がありました。このとき、マリア様は、シスターに、私が示す通りにメダイを作ってください、それを身に付ける人にはお恵みが与えられるでしょう、とおっしゃいました。

メダイの形は楕円形です。表に、両手を広げた聖母マリアの立像が彫られています。楕円を縁取るように、聖母像の周りにはこう文字が書かれています。「原罪なく宿られたマリア、あなたに依り頼む私たちのために祈ってください」。裏面には真中にローマ字のM、そのMの文字を横切るようにIが記されています。横倒しになったIは、IMMACULATA（無原罪の）、Mはマリアの頭文字です。もう一度、メダイの表を見てください。マリア様の足もとに、１８３０という数字が見えます。これは、不思議のメダイが誕生した年号です。

聖母マリアの無原罪の教義が、公に信仰箇条として、宣言されたのは、１８５４年12月8日、教皇ピオ9世のときです。その発表を裏付けるように、ルルドで聖母マリアが、「私は原罪なく、宿ったものです」と告げられたのは１８５８年です。不思議のメダイはルルドのご出現より28年前に作られています。メダイに、無原罪の聖母に呼びかける祈りが刻まれているのは興味深いことです。教会がマリア様の無原罪の教義を宣言する前に、すでに、マリア様は「無原罪の宿り」を教えられていた、と言うことができます。

12月8日、無原罪の聖母の祭日を迎えるにあたり、改めて、聖コルベが「聖母の弾丸」と呼んだ不思議のメダイの力を認め、お恵みを祈り求めることにしましょう。

ユスト高山右近列福を祈るミサにどうぞ

2012年1月号

カトリック仁川教会で、新年の1月22日（日）、午後2時から、高山右近の列福を願う特別なミサがささげられます。このミサの計画は、ひょんな私の提案から生まれたのです。昨年の7月ころ、阪神地区典礼委員会の例会が、夙川教会で開かれました。このとき、コーナン神父様から「ミサ」についての講話をうかがいました。お話の後の懇談の折、せっかくミサについて勉強したのだから、何か、具体的なミサを阪神地区典礼委員会で企画したらどうか、との意見が出ました。そのとき、私が高山右近列福祈願ミサはどうだろうか、と発言したのです。費用のことで、異論も出ましたが、結局、多くの委員の賛同を得て、「来年1月29日の日曜日の午後2時から、仁川教会で高山右近列福を祈るミサをささげよう」と決まりました。なぜ、1月なのか、というと以下の理由からです。2012年2月5日に、大阪大司教区主催の盛大な「ユスト高山右近列福祈願ミサとシンポジウム」というイベントがあります。この大きな行事の前触れとして、1月に阪神地区で小規模なミサをささげて、2月の大司教区の高山右近ミサを盛り上げようという、考えです。

高山右近の霊名（洗礼名）は、ユストまたはジュストです。ユストはラテン語のJUSTUSから来ています。これは、正しい、正義の人、という意味です。まさに、高山右近の人柄にピッタリ合った名前と言うべきでしょう。

作家の長部日出雄さんは、高山右近をテーマに長編小説「まだ見ぬ故郷」（毎日新聞社刊）を書いています。長部さんは、別の機会に高山右近について、こう述べています。「わが国の戦国時代の覇者となった織田信長、豊臣秀吉、徳川家康が、権力を握る過程において、その一人ひとりと戦った武将は、むろん大勢いた。だが、三人の覇者の全部と対決する場に置かれて、しかも自分の信念を曲げずに貫き通した武将は、高山右近ただ一人しかいない」また、こうも書いています。「血で血を洗う戦国の世の、武将の家に生まれ、神の教えと眼前の残酷な殺し合いとの矛盾に悩み、苦しみながら、右近はまだ見たことのない真の故郷が、天上にあるのを信じ、死後はそこに召されるのを願って、現実のきびしさに耐え、誠実に生きつづけた」（1993年5月号「聖母の騎士」）。上の長部さんの表現からすれば、高山右近は、現代に生きる私たちキリスト信者にとっても、うってつけのお手本になるのではないでしょうか。

来る1月22日の仁川教会での「高山右近列福祈願ミサ」と川邨神父様の講演に多くの人たちが参集することを願っています。

今年は日本26聖人の列聖150周年です

2012年2月号

1597年2月5日、現在の長崎駅前の西坂の丘で、26人のキリスト信者たちが十字架に縛られ、槍で刺されて殉教を遂げました。時の権力者、豊臣秀吉の命により、26人はキリシタン信仰を捨てないという理由で処刑されました。長崎・西坂の丘の事件は、当時、長崎にいたイエズス会宣教師、ルイス・フロイス神父により、詳細な記録がローマのイエズス会本部に送られました。それは、やがて、ローマ教皇庁はもとより、イタリア、スペイン、ポルトガルなど、ヨーロッパ中に広く知られることとなりました。極東の島国、日本で起きた26人の殉教は、キリスト教の立派な証し、として人々の感動と称賛を呼び起こしたのです。

ヨーロッパの人々の後押しにより、1627年9月14日、教皇ウルバノ8世は日本の26人の殉教者を「福者」に上げました（列福）。さらに、教皇レオ13世は、1862年6月8日、長崎・西坂で殉教した26人を聖人と認定しました（列聖）。それにより、日本26聖人として、世界中で、記念日が祝われるようになりました。

世界共通の記念日は2月6日です。しかし、日本の教会だけは、殉教の日の2月5日を26聖人の祝日と定めています。

かつて、毎年2月5日の夕刻、長崎駅前の小高い西坂の丘で、日本26聖人の殉教を記念するミサが荘厳にささげられていました。雨が降っても雪が舞っても、2月5日の夕方になると、決まって、26聖人をたたえる聖歌が流れました。舟越保武さん作の26聖人像の前の広場には、修道女、サラリーマン、小、中、高校生、主婦たちが三々五々集まり、広場を埋めました。その数は、1500人位でしょうか。長崎らしく、NHKをはじめ、地元のテレビ局が来て、夜のニュースでミサの模様を伝えました。近年、この26聖人殉教記念ミサは、2月5日に近い日曜日の午後、行われるようになりました。(本年は2月5日、午後2時～)

日本26聖人と言えば、なんとなく長崎のイメージが強いと思います。しかし、26聖人の長崎への旅のスタート地点は近畿地方です。京都・堀川通りの一条戻り橋で、耳をそがれた24人は、京都から堺を引き回された後、姫路を経て、山陽道をたどりました。私たちが住む、この兵庫県にも殉教者たちの血と汗が流されたと言っても過言ではありません。長崎への旅の途中、24人の世話を命じられた2

人が加わって、殉教者は総勢26人になりました。

この厳寒の季節、裸足で歩いて長崎への道をたどった26聖人に思いを馳せて、私たちの信仰を強めてくださるよう、祈りましょう。今年は、日本26聖人列聖150周年の節目の年に当たります。

ヨゼフ・彦蔵物語

２０１２年３月号

ヨゼフ・ヒコという幕末から明治時代に生きた人がいる。日本人で、しかも兵庫県生まれの人である。日本名は浜田彦蔵と言う。ヨゼフと呼ばれているのは、ヨゼフという洗礼名を受けてカトリック信者になったからである。

彦蔵は１８３７年８月21日に兵庫県播磨町に生まれた。幼少のころ父親を、13歳のとき母親を亡くし、おじさんに引き取られた。１８５０年９月、漁師だった養父の船に連れられて、船で江戸見物に出かけた。無事に江戸見物を終えて帰る途中、船が暴風に巻き込まれた。10月29日のことだった。

海上を漂流すること約２か月、12月21日にアメリカの商船、オークランド号に救助された。１８５１年２月３日に、サンフランシスコ港に着いた。このとき、アメリカはまだ日本と国交を結んでいない。アメリカは彦蔵を日本に送還するため、近く日本に開国を迫るペリーの船に乗せることにした。１８５２年３月、彦蔵はペリーの船が寄港する香港に送られた。しかし、ペリーの船は２か月たっても香港に到着しなかった。しかたなく、彦蔵は再び、アメリカの船でサンフランシスコに渡ることになった。1852年10月、サンフランシスコに上陸した彦蔵は、親切な税関長、サンダースという人の世話を受ける。サンダースはニューヨークやワシントン見物に異国の少年、彦蔵を連れて行った。1853年8月5日、ニューヨークでピアース大統領との謁見までさせてもらった。彦蔵は、日本人でアメリカ大統領に会った最初の人となった。1854年1月、サンダースは、英語やその他を勉強させるために、彦蔵をボルチモア市のミッション・スクールに入れた。同年10月30日、ボルチモアのカテドラル、被昇天の聖母教会で洗礼を受け、ヨゼフ・ヒコと呼ばれるようになった。

1858年6月30日、ヨゼフ・彦蔵は帰化して、アメリカ人となる。このためアメリカ・彦蔵とも呼ばれた。日本人でアメリカ国籍を取った第一号である。1859年6月、彦蔵はアメリカ大使ハリスの通訳として日本上陸を果たす。実に9年ぶりに祖国の土を踏んだ。しかし間もなく通訳を辞め、1861年9月、三たびアメリカに渡った。翌1862年3月には、有名なアブラハム・リンカーン大統領と謁見している。リンカーン大統領と会った日本人は、彦蔵だけである。

日本に戻った彦蔵は、1864年6月、横浜で日本最初の新聞「海外新聞」を創刊した。この新聞で特記されるのは、1865年4月15日、リンカーン大統領が劇場で暗殺された記事を伝えたことである。日本の禁教令下、アメリカでカトリックの洗礼を受けた唯一の日本人、ヨゼフ・彦蔵は類い稀な人であった。

3月、聖ヨゼフの月に、この風変わりなヨゼフ・彦蔵を知っていただければ幸いである。

ゼノさんの命日に寄せて「ゼノ・天国・マリア」

2012年4月号

ちょうど30年前の1982年4月24日、一人のポーランド人修道士が東京で亡くなりました。その人の名は、通称ゼノさん、ゼノ・ゼブロフスキーです。1930年4月24日、コルベ神父様と一緒に長崎に上陸した修道士です。

ゼノさんの口癖は「ゼノ死ぬヒマない」でした。元気なころは、来る日も来る日も休む間もなく働いていました。ゼノさんの気持ちは、この世では忙しいので、死んでから天国でゆっくり休みます、というところだったのでしょうか。ゼノさんは、サインを頼まれると、たどたどしい文字で「ゼノ、天国、マリア」と書きました。いつも、天国のこと、マリア様のことが頭にあったのでしょう。

太平洋戦争が終わった直後、ゼノさんが手がけた仕事は、戦災孤児の世話でした。東京に修道院を建てるために土地を探しに出かけた折、国鉄駅の周辺にいた孤児を見捨てることができませんでした。旅先で出会った孤児を、一人、二人と長崎の聖母の騎士修道院に連れて行って、育てました。やがて、聖母の騎士園という養護施設につながりました。

１９５０年代になると、ゼノさんの目はもっとも貧しい人たちに向けられました。東京・浅草にあった「蟻の町」の人たちとの出会いです。蟻の町の人たちは、廃品回収業で生計をたてていました。蟻の町のマリアこと、北原怜子（さとこ）さんを蟻の町に導いたのはゼノさんです。

水害、火事、地震などの被災者に援助の手をのべるのもゼノさんの大きな仕事でした。どこかで、災害があったというニュースを聞くと、一早く現地を訪れ、必要な品々を届けていました。ゼノさんの生活は、修道院にじっとして祈る時間よりも、外に出かけて困っている人に言葉をかけ、励ます時間のほうが、ずっと多かったのです。

１９６０年代になると、ゼノさんは、障害のある子どもたちに心を奪われました。当時、毎日新聞社大津支局長だった、村田一男さんを説き伏せて、障害者福祉施設建設に奔走しました。この施設は今も広島県沼隈町にあり、「ゼノ少年牧場」として大きな役割を果たしています。

ゼノさんが亡くなったのは１９８２年４月24日、くしくも日本に上陸した日と同じでした。教皇ヨハネ・パウロ二世が来日された翌年です。教皇様の特別接見を受けた車椅子のゼノさんは、教皇の手を両手で包み、パパ、パパと涙を流して喜びました。このシーンが、ＮＨＫテレビで流され、全国の人々に感動を与えました。

東京・赤羽の教会で行われた葬儀ミサは、駐日バチカン大使、ピオ・ガスパリ大司教と白柳東京大司教が共同で司式されました。葬儀の模様は、テレビ朝日、フジテレビのワイドショウでも報道されました。ゼノさんの人気ぶりがうかがわれます。

聖母月に逝ったロザリオを愛した永井博士

2012年5月号

5月1日は、長崎の有名な永井博士の命日です。聖母マリアをこよなく愛した永井博士は、聖母月を待っていたかのように、この日、天国に旅立ちました。43歳の若さでした。長崎医大病院で博士の傍で治療に携わった看護師、久松シソノ（故人）さんは、こう話してくれました。「私は博士の臨終に立ち会ったのですが、博士は突然、枕元にあった十字架を握り、イエズス、マリア、と叫びました。それが最期でした」。

永井博士は、島根県松江市の出身です。キリスト教とは縁のない環境に育ちました。1928（昭和3）年、長崎医大に入学してからキリスト教に触れることになりました。下宿先が潜伏キリシタンを先祖に持つ、森山家だったのです。永井さんは、朝夕、森山家が唱える祈りの声を聞きながら生活しました。医大を卒業した翌年、1933（昭和8）年、永井さんは満州事変に出征します。森山家の一人娘、緑さんは、戦地の永井さんへの慰問袋に、一冊の「公教要理」をしのばせました。

1934（昭和9）年6月、満州から無事帰還した永井さんは、カトリックの洗礼を受けます。洗礼名はパウロです。

この洗礼に至るまでの永井さんの心境の変化には、森山家の影響が少なからずあったものと推測されます。同じ年の8月、永井さんと森山緑さんは結婚式を挙げました。永井さんが緑さんと出会って、6年後の慶事でした。永井さんが、いつごろから、下宿先の緑さんに恋心を抱いたのかは、わかりません。永井さんの本によれば、緑さんが急性盲腸炎を患ったとき、永井さんがおんぶして、緑さんを病院まで運んだことがあるそうです。

二人の結婚生活は、原子爆弾によって、無情に終幕を迎えます。

1945（昭和20）年8月9日、永井博士は勤務先の長崎医大で原爆に遭いました。自らも負傷しながら、周囲の怪我人の治療に全力を尽くしました。緑夫人の安否を気遣いながらも「生きていれば、はってでも病院に来るはず」と思って、夫人の死を覚悟し、永井博士は、自宅に帰ろうとはしませんでした。原爆から3日目、8月11日にようやく、永井さんは自宅を見に行きました。そこで目にしたのは、台所跡にあった妻の遺骨でした。その遺骨をアルミのバケツに入れて運んだと、永井さんは本に書いています。

永井博士は原爆被災者救護が一段落してから、一か月ほど聖母の騎士修道院にこもって、愛する妻の喪に服しています。そのころ撮ったと思われる、写真が残っています。黒い和服を着て、髪もヒゲも伸び放題にし、組み合わせた両手にはロザリオが掛かっています。

日本26聖人列聖150周年に寄せて

2012年6月号

2012年6月8日は何の日？と聞かれて即答できる人は少ないでしょう。その日は、日本26聖人の列聖（聖人に挙げられること）150周年に当たります。1597年2月5日に殉教した26聖人は、1627年9月14日、ウルバノ8世によって列福（福者に挙げられること）、1862年6月8日にピオ9世によって列聖されています。殉教から福者まで30年、福者から聖人まで235年を要したことになります。26聖人が福者から聖人になるまでの235年間は、日本の鎖国、キリシタン弾圧の時代と重なります。日本の教会とローマの教皇庁との関係が途絶えていた証拠だと思われます。

1862年に日本26聖人が列聖されるやいなや、日本のカトリック教会が目を覚ましました。ちょうど、時を同じくして、日本は海外への門戸を開きました。横浜、長崎、函館といった港に相次いで外国船が入港するようになりました。1862年2月、ジラール神父によって、居留外国人のために、横浜にカトリックの天主堂が建てられました。このころ、まだ日本人にはキリスト教は禁じられていました。

長崎の大浦天主堂が献堂されるのは、1864年12月です。長崎に住むフランス人のための聖堂で「フランス寺」と呼ばれました。この天主堂は、日本26聖人を顕彰するために、殉教地、西坂の丘に向けて建てられ、「日本26聖人教会」と名付けられました。26聖人の列聖から2年半後のことです。この天主堂の建設に携わったパリ外国宣教会のフューレ神父、プチジャン神父らの、列聖されたばかりの日本26聖人に対する祈りが込められています。大浦天主堂を建てた宣教師には、まもなく、とてつもない喜びが与えられます。「信徒発見」です。1865年3月17日、昼さがり、14、15人の婦人たちの見学者とプチジャン神父の劇的な出会いがありました。250年もの間、一人も司祭のいなかった長崎に宣教師を待つキリシタンが生きていたのです。プチジャン神父と浦上キリシタンとの歴史的な邂逅(かいこう)は、日本26聖人への祈りのたまものではなかったでしょうか。

やがて、明治初期の厳しいキリスト教弾圧を最後に日本のカトリック教会は復活します。1962年6月、日本26聖人列聖100周年を記念して、長崎駅前の西坂の丘に、日本26聖人記念館が建てられました。今年は記念館開館50周年です。今日も、長崎を訪れる観光客に26聖人は「愛は死よりも強い」ことを訴えています。列聖150周年の今年、大阪教区では、日本26聖人の歩いた道をたどる「巡礼の道」を計画しています。私たちの住む阪神地方も巡礼ルートに入っています。今年は、日本26聖人にご注目ください。

本島 等 元長崎市長、秋月平和賞を受ける

2012年7月号

「秋月平和賞に本島元市長」と、5月30日付の「長崎新聞」に報道された。秋月平和賞とは、長崎で核兵器廃絶と平和運動に尽くした秋月辰一郎医師の思いを引き継ごうと設けられた賞である。本島等元市長は、1979年から4期16年間、長崎市長を務めた人である。秋月さんも本島さんも、ともにカトリック信者である。

本島等さんは、1988年暮れ、長崎市長時代、市議会で共産党議員の質問に対して「(昭和)天皇の戦争責任はあると思う」と答弁した。この発言が大きな反響を呼び、全国的に賛否論争を巻き起こした。その発言が反発を招き、長崎在住の右翼幹部にピストルで狙われた。1989年1月、長崎市役所入口で車から降りたところを、至近距離から撃たれ、瀕死の重傷を負った。すぐ、市長は救急車で大浦海岸の長崎市民病院に運ばれた。病院に着くや否や、市長は「聖母の騎士の神父を呼んでくれ」と頼んだ。ただちに本河内の聖母の騎士修道院長、末吉矢

作神父が病院に駆け付けた。本島市長が望んだのは、臨終の信者が受ける「終油（病油）の秘跡」だった。ただちに秘跡が授けられた。体内の銃弾を取り出す緊急手術が行われることになった。市長のワイシャツが脱がされたとき、ポトリと落ちたのは銃弾だった。弾は市長のシャツと体の間に留まっていたのだ。弾は急所をすり抜けて、体外に出ていた。まさに奇跡的に本島市長の命は救われた。

命拾いした本島さんは、銃撃を受けてからも4年間市長を務めた。その間、原爆被爆地の市長で初めて、公式に韓国を訪れ、被爆者を見舞った。本島さんは、市長を退いてからも太平洋戦争中の日本の加害責任、中国人の強制連行などについて、謝罪すべきと訴えている。平和集会や平和公園での反核座り込みに参加することもある。

本島さんは、上五島・仲知出身。前長崎教区長、故島本大司教とは同郷である。根っからのキリシタンで信仰は筋金入り、今も日曜日には長崎駅前の中町教会のミサに通っている。

本島さんは、今年90歳、さすがに往年の元気な面影はないが、住まいの近くの新大工町商店街をぶらつくこともある。レジ袋を下げて、通りがかりの人に気軽に声をかける姿が見られる。あくまでも庶民派、本島さんである。一日でも長生きしてほしい。秋月平和賞受賞、おめでとうございます。

主よ、永遠の安息を団藤重光さんに

2012年8月号

団藤重光さんは、法曹界では知らない人はいない有名人でした。去る6月25日、永眠しました。98歳でした。団藤さんは、刑事法学の専門家で、最高裁判事、宮内庁参与も務めました。1935（昭和10）年、21歳で、東京帝国大学（現東京大学）を2回飛び級して卒業したという秀才でした。卒業後は大学に残り、刑法の研究者となり、助教授、教授になりました。戦後は、刑事訴訟法の立案に携わり、刑事法学の分野で大きな貢献を果たしました。豊かな知識を生かして、東大法学部長、日本刑法学会理事長などを務め、1995（平成7）年には、文化勲章を受けています。

こうした数々の栄誉に勝って、団藤さんが獲得した宝物があります。それは、カトリックの信仰です。団藤さんが洗礼を受けたのは、2008年11月8日、95歳の誕生日のことです。団藤さんと学問を通じて親しかったイエズス会のホセ・ヨンパルト神父様は、時折、東京都文京区小日向の団藤邸を訪ねていました。神父様が、４年前の団藤さんの誕生日に訪ねたところ、いきなり「いま、洗礼を授けてくださいませんか」と頼まれたそうです。ヨンパルト神父様は、喜んで、その願いを聞き入れ、その場で団藤さんの額に水を注ぎ、「御父と御子と聖霊のみ名によって」洗礼を授けました。

出版の仕事が縁でヨンパルト神父様と知り合いになった私は、不思議なことに団藤さんの奥様、淑子夫人の洗礼式に立ち会いました。２０００年の秋のことです。場所は東京・上智大学の中庭にあるクルトゥルハイム（小聖堂）です。団藤重光さんも淑子夫人の洗礼を見守っていました。団藤さんは、淑子夫人とともに、自宅でヨンパルト神父様の教理指導を熱心に受けていたそうです。ご主人の洗礼は、奥様に遅れること、８年でした。その間、最終的な決断の時を待っていたのでしょう。団藤さんの洗礼名は、自ら選んだトマス・アクィナスでした。

団藤重光さんの葬儀ミサは6月29日午後1時半、東京・聖イグナチオ教会大聖堂で捧げられました。司式は、アイルランド出身のドイル神父様でした。ミサの説教は、団藤さんの親友、ヨンパルト神父様が準備していた原稿が、そのまま朗読されました。ヨンパルト神父様は、団藤さんの通夜、葬儀を自分が執り行うつもりで、あらかじめ、原稿を作って準備していたのです。しかし、神様は、4月にヨンパルト神父様を団藤さんよりも先に召されました。ことし2月には、淑子夫人も帰天しました。団藤重光さんは、淑子夫人、ヨンパルト神父様に迎えられて天国入りしたのでしょう。主よ、永遠の安息を団藤さんに与えてください。

9月17日は聖フランシスコの聖痕記念日

2012年9月号

9月17日、「小さき兄弟会」と呼ばれる、フランシスコ修道会家族では、聖フランシスコの聖痕記念日のミサをささげます。「聖痕(せいこん)」とは、耳慣れない言葉です。これは、アシジの聖フランシスコが亡くなる2年前に、奇跡的に体に刻印された傷のことです。その傷は、聖フランシスコの両手、両足、わき腹の5ヵ所に現れた不思議な傷です。イエス様が十字架に磔になったとき、受けた5つの傷に重なります。両手と両足には、釘が打ち込まれました。わき腹はローマ兵の槍で突かれました。

聖フランシスコの5つの傷は、どのようにして付けられたのでしょうか。時は1224年9月、場所は、アシジから北へ遠く離れた標高1200メートルのラ・ヴェルナ山です。ここは、聖フランシスコの徳に心酔した貴族が、瞑想の場として贈ったところです。聖フランシスコは、大天使ミカエルの祝日(9月29日)前の40日間の黙想を行うために、ラ・ヴェルナ山に入りました。この40日の黙想の間に、5つの聖痕を受けたのです。9月17日でした。

山中の岩陰で祈っているとき、聖フランシスコは異様な幻を見ました。頭上に現れたのは十字架に磔にされたような天使でした。その天使は六つの翼を持っていました。旧約聖書のイザヤ書6章の冒頭に出てくるセラフィムという天使です。「それぞれ六つの翼を持ち、二つをもって、顔を覆い、二つをもって足を覆い、二つをもって飛び交っていた」（イザヤ6・2）。

聖フランシスコが天使像を見上げていると、不思議な光線が刺して来て、両手、両足、わき腹を貫きました。その瞬間、聖フランシスコに聖痕が刻まれたのです。聖フランシスコは、イエス様に似たものになりたいと望み、貧しさ、けんそん、苦しみまでも共にしたいと思っていました。十字架上の苦しみを味わいたいという聖フランシスコの強い願いが、聖痕によって叶えられたのでしょう。しかし、聖フランシスコは、聖痕をけっして人目に触れさせませんでした。

聖フランシスコの死後、医師が詳しく調べて、聖痕を確認しました。カトリック教会史上、初めて聖痕が確認されたケースです。聖痕を受けた聖人は他にもいますが、現代で有名な聖人は聖ピオ神父（1887〜1968）です。聖ピオ神父は、聖フランシスコと同じイタリア人で、「小さき兄弟会」（カプチン会）の司祭でした。

聖フランシスコが聖痕を受けたのは死の2年前でした。したがって、聖痕の痛みを味わったのは約2年間。聖ピオ神父の場合は、初めて聖痕を体験したのは30歳のとき。81歳でなくなるまで、約50年間の長きにわたって、聖痕の痛みを背負い続けたことになります。

幼きイエスの聖テレジアとブスケ神父様

２０１２年10月号

カトリック夙川教会は、阪神地区の他の芦屋、尼崎、伊丹、甲子園、園田、宝塚、仁川、武庫之荘、の八つのカトリック教会（小教区）の長女として最初に誕生した小教区です。長男でなくて、長女と呼ぶのは、小教区を指すラテン語の「パロキア」が女性名詞だからです。夙川教会がこの10月、献堂80周年を祝います。美しいゴチック様式の聖堂が完成したのは80年前の１９３２（昭和７）年のことです。この聖堂建設に心血を注いだのは、当時の主任司祭、シルベン・ブスケ神父様（１８７７〜１９４３）です。ブスケ神父様が阪神地区の開拓者として任命されたのは、１９２１（大正10）年です。現在の国道２号線の「札場筋」近くに居を定め、活動を開始しました。

１９２３年４月29日、フランスのカルメル会修道女、幼きイエスのテレジアが「福者」に上げられました。死後25年という異例の速さです。２年後の１９２５年５月17日に、福者幼きイエスのテレジアは列聖されました。こうして、幼きイエスのテレジア、あるいは小さき花のテレジアと呼ばれる聖女は、24歳の若さで亡くなったにもかかわらず、またたく間に世界に知られるようになりました。

幼きイエスの聖テレジアをいち早く日本に紹介したのはブスケ神父様です。西宮に赴任する10年以上前の1911（明治44）年に、「小さき花 乙女テレジヤ之自叙傳」の日本語版を出版しています。聖人になる、はるか前から幼きイエスのテレジアの聖徳をブスケ神父様は見抜いていたのです。1923年4月、ブスケ神父様は、ミサをささげて、幼きイエスのテレジアに取り次ぎを願う「9日間の祈り」を始めたと言われます。その結果、間もなく、たくさんの寄付金が集まりました。そこで神父様は、まず、西宮市霞町の土地、652坪を手に入れました。幼きイエスの聖テレジアをこよなく尊敬していたブスケ神父様は、新しく建てる聖堂の保護者にしたいと、願っていました。

1932年4月17日、夙川「幼きイエズスの聖テレジア」聖堂の祝別式が行われました。総工費は約13万円だったと言われます。念願の聖テレジア聖堂を建てたブスケ神父様は、1935（昭和10）年9月に、大阪・北野教会に転任します。時

ブスケ神父様の上に悲劇が起こったのは1943（昭和18）年2月16日です。

は戦時中のこと。

ブスケ神父様は、スパイ容疑で逮捕されました。連日の厳しい取り調べの結果、心身ともに衰え、3月10日、獄中で命を落としました。10月1日は幼きイエスの聖テレジアの祝日。聖テレジアとともにブスケ神父様も、夙川教会の献堂80周年を喜んでいることでしょう。（西村良次編「宣教事始 ― 大阪教区・小史 ―」、中央出版社刊、1989参照）

これを身に付ける人は大きな恵みを受けるでしょう　2012年11月号

1830年11月27日。この日、マリア様はフランス人修道女、カタリナ・ラブレ（1806~1876）にご出現になり、不思議のメダイを作るように命じられました。私たちがよく知っている、あのメダイのデザインをマリア様ご自身が示されたのです。ご出現のマリア様は、地球の上に立ったお姿でした。マリア様が両手を広げると、その御手から輝く光線が放たれました。その光をマリア様はカタリナに「これは私に願う人々に注がれる恵みのしるしです」と言われました。まもなくマリア様のお姿は楕円形に囲まれ、その周囲には、こんな祈りが現れました。「原罪なく宿られた聖マリア、あなたに依り頼む私たちのための祈ってください」。これがメダイの表面です。続いて楕円形の裏面が示されました。横木の上の十字架を載せたMの文字が現れました。その下に茨に囲まれたイエス様の聖心と剣で貫かれたマリア様の聖心のシンボル、楕円の周囲には12個の星が配されていました。このビジョンの後、マリア様はカタリナに告げられました。「このモデルにしたがって、メダイを作らせなさい。信頼をもってこれを身に付ける（特に首に掛ける）人は大きな恵みを受けるでしょう」

カタリナ・ラブレがマリア様のご出現を受けてから2年目に、初めてマリア様のご意向通りのメダイが作られます。そのメダイはあっという間に世界中に広まり、4年後の1836年には、その数が200万に達したと言われます。

カタリナ・ラブレは聖ヴィンセンシオ・ア・パウロの愛徳姉妹会の修道女でした。聖母マリアのご出現を受けた後、カタリナは修道会の施設で老人の世話をしながら45年間働きました。1876年12月31日に神に召されました。それから約70年後の1947年、教皇ピオ12世によって、聖人に上げられました。

不思議のメダイの奇跡として、最も有名な出来事は、1841年1月にローマで起きた回心物語です。回心したのは、ユダヤ人の銀行家アルフォンソ・ラチスボンヌです。ラチスボンヌは友人のカトリック信仰に批判的でした。それでも、友人から贈られた不思議のメダイを身に付けて、ローマの聖アンドレア・デッレ・フラッテ教会に入りました。そこで見たのは、まさに、不思議のメダイの像と同じように、両手から光線が放たれている聖母マリアでした。ラチスボンヌは、ただちに回心してカトリックの洗礼を受けました。この出来事は、ローマ中の大きな話題となりました。不思議のメダイとラチスボンヌの回心は、後のマキシミリアノ・コルベ神父の聖母の騎士会創設（1917）へとつながりました。11月27日、不思議のメダイの記念日と、記憶に留めておきましょう。

年末、年始に「馬小屋」巡礼はいかがでしょうか

2012年12月号

カトリック教会では、クリスマスに「馬小屋」（プレセピオ）を飾って祝うならわしがあります。馬小屋と言っても、本物の馬がいるわけではありません。イエス様が生まれた場面を思わせる模型です。そこには、聖母マリアと聖ヨゼフ、幼子イエス様の御像が飾られ、その周辺に家畜の馬、牛、羊、羊飼いの像が置かれます。それに、東方からメシアの噂を聞いて、幼子イエス様を拝みに来た3人の博士（天文学者）の像が加えられます。馬小屋がしつらえられる場所は、聖堂内の祭壇のそば、脇祭壇、聖堂入口など、さまざまです。

仁川教会では、一昨年までは聖堂正面入口でしたが、今は中央祭壇前になりました。教会のいろいろの習慣は、いつから、だれが始めたかが分からないものが多いものです。それでも、クリスマスの馬小屋飾りの習慣は、いつから、どこで始まったかが、はっきりしています。時代は1223年、場所はイタリアのグレッチオという村です。

1223年12月、後に聖人となるアシジのフランシスコは、グレッチオ村に滞在していて、そこでクリスマスを迎えることになりました。グレッチオは農業や牧畜で人々が暮らすのどかな土地でした。フランシスコは、クリスマスを荘厳に祝うために、イエス様の誕生の場面を再現したいと考えました。農家の人たちに頼んで、牛と馬、まぐさ桶などを修道院の聖堂に運んでもらいました。祭壇のそばに本ものの牛と馬をつなぎ、まぐさ桶も置いて、クリスマス・イブのミサをささげました。ミサの中で、フランシスコは助祭として福音書を朗読しました。フランシスコは、そのとき、まぐさ桶の中に幼子イエス様の姿を見たに違いないと言われています。

グレッチオでのクリスマスのミサの評判は、周辺の町や村に広がり、聖堂内に馬小屋の模型を飾る習慣が生まれました。それは、やがて世界中に伝わって行きました。アシジの聖フランシスコの時代から800年近くたった現代でも、馬小屋を飾る習慣が生きています。

教皇のおひざ元、バチカンのサン・ピエトロ広場では毎年、等身大の聖家族像を置いた、特大の馬小屋が巡礼者の目を引きます。

このクリスマス・シーズン、近くの宝塚や伊丹、神戸や大阪のカトリック教会を訪ねて、馬小屋巡礼はいかがでしょうか。信仰年にあたり、信仰を深め、信仰を伝える恵みを願いましょう。なお、馬小屋は主の降誕祭から主の公現の祭日まで、飾られるのが普通です。

エリサベト北原怜子さんの取り次ぎを願いましょう　2013年1月号

1958（昭和33）年12月、一本の映画が封切られた。タイトルは「蟻の街のマリア」。

この年1月23日に、28歳の若さで天に召された、蟻の街のマリアこと北原怜子さんを主人公にした映画である。主役の北原怜子に新人女優、千之赫子(ちのかくこ)が扮した。千之赫子は、宝塚出身で同期に朝丘雪路、真帆志ぶきらがいる。宝塚を退団していきなり、「蟻の街のマリア」の主役に抜擢された。監督は、五所平之助。他の出演者には、斎藤達雄、夏川静江、佐野周二、渡辺文雄、山岡久乃、岩崎加根子など、そうそうたる俳優がいる。そんな俳優陣のなかに異色の顔もあった。若き日の美輪明宏である。当時は丸山明宏と名乗り、シャンソンを歌っていた。「蟻の街のマリア」は、北原怜子さんが亡くなって、一年もしないうちに完成している。北原さんが、いかに多くの人に感動を与えたかが想像される。北原さんを好演した千之赫子さんは、1958年度の映画製作者協会新人賞を受賞した。ちなみに、千之さんは、東映の時代劇スター、東千代之助さんと結婚した。結婚後も多くの映画やテレビドラマに出演した。惜しくも1985年、51歳の若さで亡くなっている。

北原怜子さんは、1929（昭和4）年8月、東京・杉並で大学教授の娘に生まれた。名門の桜蔭高等女学校を経て、昭和薬学専門学校（現昭和薬科大学）を卒業。妹がカトリックの光塩女学院に入学したのがきっかけで、メルセス修道会スペイン人修道女と知り合い、1949年10月にエリザベトの洗礼名で受洗。その翌年の12月、浅草の姉の嫁ぎ先の履物店にゼノ修道士が訪ねて来る。たまたま怜子さんも姉宅にいて、ゼノ修道士と運命的な出会いをする。このゼノ修道士との出会いが、北原怜子さんを「蟻の街」へ導いた。ゼノ修道士の後を追って、尋ね当てたところは、廃品回収をしながら生計を営む人々の集まった「蟻の街」だった。ほどなくして、北原さんは、子どもたちの世話をするために、蟻の街に通うようになる。はじめは、蟻の街の人々から迷惑がられたが、いつしか、北原さんのボランティアは受け入れられた。蟻の街に住み込むようになってからは、自らも籠を背負い、街に出て、廃品を集める仕事までした。北原さんの蟻の街での奉仕生活は約8年で終止符が打たれた。肺結核により体を蝕まれ、1958年1月23日、帰らぬ人となった。

エリザベト北原怜子さんは、現代カトリックの模範的な信者として尊敬に値する人物ということで、東京・白柳大司教から、バチカン教皇庁に「列福」調査申請が出された。現在、書類審査が完了しているという。北原怜子さんの取り次ぎによる「奇跡」が待たれている。

いまも胸を打つトマス小崎少年（14歳）の手紙

２０１３年２月号

日本26聖人の中に、親子の殉教者がいます。伊勢出身のミゲル小崎とトマス小崎で、二人は父親と息子です。ミゲルは46歳、トマスは14歳でした。ミゲルには、妻ともう二人の息子たちがいました。フランシスコ会の司祭の導きで、一家全員洗礼を受けました。弓矢師であった父ミゲルは、大工の仕事を手伝うため、京都のフランシスコ会の修道院のそばに家を移していました。トマスも大工の手伝いとして働いていました。息子のトマス小崎を、ゆくゆくはフランシスコ会の修道者に、と父ミゲルは考えていたようです。

１５９６年秋、「サン・フェリペ号」事件が起こったとき、トマス小崎は、大坂のフランシスコ会修道院に送られていました。サン・フェリペ号の乗組員だったフライ・フェリペ・デ・ヘススは京都へ行く途中、大坂の修道院に立ち寄りました。そのとき、同修道院にいたトマス小崎は、フライ・フェリペを京都まで案内するように頼まれたのです。二人が京都の修道院に着くと、間もなく捕らえられてしまいました。ミゲルも京都で捕らえられました。親と子は、京都の牢屋で再会します。別々に行動していながら、ミゲルとトマスは、26聖人のリストに加えられたのです。

ミゲルとトマス親子には、気になることがありました。トマスにとっては、母親と二人の弟のことです。

1月初め、京都を発った殉教者たちの一行は、1月19日、尾道から三原まで歩きました。その夜、トマス小崎は、母親あてに別れの手紙を書きます。

「神の御助けにより、この数行をしたためます。パードレたち以下、われわれ24人は列の先頭を行く高札に書かれた判決文のように、長崎で磔刑を受けるため、ここまで参りました。私のこと、またミゲル父上のことをご心配くださいませんように。パライソ（天国）ですぐにお会いできることを希望しています。お待ちしています。たとえ、パードレがいなくても、臨終には熱心に罪を痛悔し、イエス・キリストの幾多の御恵みを感謝なされば、救われます。この世ははかないものですから、パライソの全き幸福を失わぬよう努力なさいますように。人からどんな迷惑をかけられても耐え忍び、すべての人に大いなる愛徳を施されますように。私の二人の弟、マンショとフェリペを、異教徒の手に渡さぬよう、どうか、ご尽力ください。（以下略）安芸の国・三原城にて」

この手紙は、長崎で磔刑にされた父、ミゲルの着物の懐から発見されたと言います。それをルイス・フロイス神父が翻訳して殉教記に載せています。

罪の痛悔と愛徳の大切さを述べた、トマス小崎少年の手紙は、殉教から４００年の時を超えて、いまも私たちの胸に響きます。

1968年を振り返ってみれば

2013年3月号

1968（昭和43）年3月20日、春分の日。東京・四谷駅近くの聖イグナチオ教会聖堂で、司祭叙階式が行われた。司祭叙階を受けたのは、イエズス会員9人、コンベンツアル修道会員2人の合計11人。この中の1人が筆者であった。叙階式を司ったのは、当時、東京教区補佐司教の白柳誠一司教だった。11人のうち、アメリカ人とスペイン人が各1人、9人が日本人だった。白柳司教は「私を叙階した司教をさかのぼっていくと、聖ピオ10世まで行くそうですよ」と話していた。

受階者全員で撮った記念写真には、前列に白柳司教を真中にして左右に各2人、後列に7人が並んで写っている。前列の右端が筆者、後列の左端に池長大阪大司教の姿がある。大司教はメガネをかけていない。11人のうち、既に3人が帰天し、2人が還俗、1人が病気に倒れている。現役の司祭生活を続けているのは、5人である。45年の歳月は長いようで短い。いつの間にか時が流れてしまった、という感じがする。時とともに、歳とともに司祭の質や徳が自動的に向上するのであれば、これほどありがたいことはないが、そうはいかない。司祭生活の45年を振り返るとき、あまりにも汚点が多いのに気づく。胸に手を当ててみれば、反省点だらけだ。恥ずかしい。

1968年の日本は、高度経済成長の真っただ中、高齢化の心配も消費税もなかった時代、活気に満ちていた。プロ野球では、長島、王の活躍でジャイアンツが連覇中、大相撲では大鵬、柏戸の「柏鵬時代」だった。街にはピンキーとキラーズの「恋の季節」や、いしだあゆみの「ブルーライトヨコハマ」が流れていた。

それでも、社会が平穏であったわけではない。全国で、大学紛争が吹き荒れた。1968年6月ころから大学当局に不満を持つ全共闘の学生たちが東大・安田講堂にバリケードを築いた。翌年1月18日に機動隊が放水と催涙弾で学生たちを排除した。その模様がテレビ中継され、全国民の目を釘付けにした。その1ヶ月前の12月には、東京・府中市で3億円事件が起きた。このニュースを神田の大衆食堂のテレビで聞いた記憶がある。

海の向こうではベトナム戦争が続いていた。アメリカのジョンソン大統領は、50万人もの兵士をベトナムに送ったが、ベトナムの反撃を抑えることはできなかった。１９６８年４月、反戦運動に立ち上がったキング牧師が銃弾に倒れ、ジョンソンに代わって大統領を目指したロバート・ケネディ議員も同年６月に暗殺されている。

今年の３月20日は、45年前と同じ春分の日に当たっている。大阪教区では２人の新司祭が誕生する。信仰年に生まれる司祭とともに、司祭45年間の神の恵みを感謝したい。

新教皇フランシスコ おめでとうございます

2013年4月号

２０１３年３月13日午後８時（日本時間14日午前４時）過ぎ、バチカン・聖ペトロ大聖堂のバルコニーから、枢機卿団長、トーラン枢機卿の声が響いた。「HABEMUS PAPAM FRANCISCUM」（私たちは教皇フランシスコを得た）というラテン語の決まり文句だ。新教皇の誕生が知らされた。肌寒い雨の中、広場に集まった群衆の間から歓声がわき上がった。やがて、バルコニーの赤い幕が開かれ、まっ白い教皇服をまとわれた新教皇、フランシスコが姿を現された。教皇は、なかなか口を開かれない。広場の人々を見ながらしばらく右手を振られた。二分ほどの沈黙の後、新教皇は第一声を発せられた。「Fratelli e sorelle, BONA SERA」、「兄弟、姉妹の皆さん、こんばんは」。続いてこう述べられた。「世界全体の友情と愛と信頼のために祈りをささげ、実りある旅を続けることができることを期待したいと思います」（ＮＨＫニュース）。

新教皇は、アルゼンチン出身のホルヘ・マリオ・ベルゴリオ枢機卿だった。コンクラーベを前に、日本の新聞で名前の出た教皇候補者ではなかった。今回もまた、マスコミの予想を覆す枢機卿が教皇に選ばれたことになる。ベルゴリオ枢機卿はイタリア移民の家系で、父親は鉄道員だったという。イエズス会に入会し、33歳で司祭に叙階され、61歳のとき、ブエノスアイレスの大司教に任命されている。教皇ヨハネ・パウロ2世から枢機卿に選ばれたのは2001年、65歳だった。現在76歳。誕生日は1936年12月17日。

新教皇には、いくつかの「史上初」がつく。イエズス会出身の初めての教皇となる。イエズス会と言えば、全世界で宣教活動を展開し、男子修道会では世界最多の会員を持つ。その創立者の一人は、聖フランシスコ・ザビエル。日本に初めてキリスト教を伝えた聖人である。イエズス会の日本での活躍は、いまさら言うまでもない。東京の上智大学をはじめ、鎌倉・栄光学園、神戸・六甲学院、広島・広島学院など、教育を通して、カトリック宣教に大きな役割を果たしている。

新教皇は教皇名に、フランシスコを名乗られた初めての教皇である。13世紀のイタリアのアシジの聖フランシスコに由来する。聖フランシスコ・ザビエルにも通じる名前だから、日本にとっても親しみがある。

さらに、新教皇は、中南米出身の初の教皇でもある。これまでのヨーロッパ出身の教皇とは違った、新鮮味を感じる。ヨーロッパのカトリック教会は最近、人びとの教会離れが著しく、元気がなくなっていると聞く。それに比べて、中南米の教会には勢いが感じられる。まさに、時代にふさわしい新教皇と言えるのではないだろうか。新教皇の誕生とともに、復活祭の喜びをかみしめたい。

キリシタンたちが日本の近代化に果たした役割

2013年5月号

カトリック日本司教団は、去る2月に開いた司教会議で、3月17日を「信徒発見の聖母の祝日」として、祝うよう決議した。バチカン教皇庁の認可がおりれば、来年から、新しい祝日となる。

1865年3月17日の昼さがり、10数人の長崎・浦上の婦人たちが新築された「フランス寺」（大浦天主堂）を見学に訪れた。そのとき、出会ったのがパリ外国宣教会のプチジャン神父だった。婦人のひとりが「サンタ・マリアの御像はどこ?」と尋ねた。プチジャン神父は右手の小祭壇上に安置されている聖母子像の下へ導いた。聖母子像を仰ぎ見た婦人たちは口々に言った。「ほんとうにサンタ・マリア様だ」、「御子ゼズス様を抱いておられる」と。大浦の「フランス寺」から浦上に帰った婦人たちの話は、またたくまに村中に広まった。長年待ち望んでいた宣教師がやって来たことを知った。もう、自分たちの信仰を隠すことはない、と思うようになった。その表れが「自葬事件」であった。それまでは、仏教の僧侶を呼んで行っていた葬式を、自分たちだけで済ませた。このことがきっかけになり、浦上の住民がキリシタンとわかり、奉行所に厳しくとがめられた。棄教を迫られたが、拒否したために、浦上地域の住民、約3000人は、金沢、和歌山、津和野、など21藩に追放された。1868（慶応4）年7月から1870（明治3）年にかけて、浦上信徒たちは長崎港から流された。

一方、浦上の信徒たちの捕縛と追放は、大きな外交問題となった。長崎在住のフランスをはじめ外国公使団は明治政府に抗議した。しかし、政府はキリスト教弾圧を止めなかった。それでも、長崎発の浦上キリスト教信徒追放のニュースは、横浜の外字新聞で報道され、さらに上海や欧米の新聞にも掲載された。

折から、明治政府は岩倉具視を団長、大久保利通を副団長とする使節団をアメリカ、ヨーロッパに送った。岩倉一行がアメリカに到着し、交渉のテーブルに着くや否や、アメリカ側から日本のキリスト教禁教問題が取り上げられた。キリスト教弾圧を止めるよう迫られた岩倉使節団は、伊藤博文、大久保利通を急きょ帰国させ、日本のキリシタン禁令の高札を撤去させた。ときに1873（明治6）年2月である。同年3月頃から、追放されていた浦上信徒たちは長崎に帰って来た。

明治政府が発足した当時、日本には基本的人権や宗教の自由はなかった。近代国家として欧米と肩を並べるには、キリスト教禁止令を解くことは必須だった。長崎・浦上のキリシタンたちの明治政府への無言の抵抗が日本の近代化に果たした役割は大きい。毎年5月、津和野で浦上キリシタンを偲ぶ「乙女峠まつり」がある。

イエスのみ心の祭日とパドヴァの聖アントニオの祝日　２０１３年６月号

カトリック教会では、５月を「聖母月」と呼ぶように、６月を「み心の月」と呼んでいます。「み心」を「聖心」と書くこともあります。イエス・キリストの「御心」のことです。教会典礼暦では「キリストの聖体」の祭日の次の金曜日が「イエスのみ心」の祭日と定められています。祭日は、教会の典礼上、最上クラスの祝日で、もっとも盛大に祝われる日です。平日には省略されている「栄光の賛歌」も「使徒信条」も祭日には、必ず唱えることになっています。それだけ荘厳なミサがささげられるのが、祭日です。今年は６月７日が「イエスのみ心」の祭日です。ちょうど初金曜日にもあたります。仁川教会では10時からミサがあります。この日には、時間をやりくりして、「み心」の祭日のミサに与かることをお勧めします。信仰年の一つのしるしとして、ミサにいらっしゃいませんか。

私が昔、長崎の小神学校にいたころ、６月の「み心の月」には、毎晩「聖体降福式」と呼ばれた聖体賛美式が行われました。イエス様のみ心への感謝と賛美を歌いました。その中に「イエズスの聖心の連祷」がありました。連祷は連願のことで、洗礼式で唱えられる「諸聖人の連願」に似た祈りです。先唱者に答えて、一同は「ミゼレレノービス」(「われらをあわれみたまえ」)と繰り返します。ひとつひとつの先唱の言葉が長いうえに、メロディーをつけて歌うために、かなりの時間がかかります。しかもラテン語で、曲調はゆったりしていて、時には眠気を誘われました。長崎の聖母の騎士修道院の旧聖堂は畳敷きでしたので、正座の足のしびれも加わりました。少年たちにとっては、まさに苦業の時間でした。それでも、いま振り返ってみると、懐かしい「み心の月」の思い出です。

6月には、仁川教会と縁の深い「小さき兄弟会」(フランシスコ修道会)の大きな祝日があります。6月13日、パドヴァの聖アントニオの祝日です。北イタリアのパドヴァで亡くなった聖アントニオはイタリア人ではなく、ポルトガル人です。この聖人は、小さき兄弟会の修道士たちがモロッコで殉教したことに感動し、同会に入会しました。アシジの聖フランシスコが存命中のことです。聖フランシスコは聖アントニオの徳の高さと学識の深さを認め、説教の務めを与えました。ある村で人々が説教を聞こうとしませんでした。そこで、聖アントニオが湖の岸辺で説教を始めると、魚が水上に頭を出して聞いた、という伝説があります。小神学校時代、聖アントニオを祝って、食卓に甘い枇杷が出されていたのは美味しい思い出です。

夢よ、もう一度。教皇フランシスコのご訪日

2013年7月号

「カトリック日本司教協議会が、教皇フランシスコを日本に招請することを近く決議する見通しであることが関係者の話で明らかになった」

もし実際に、こんなニュースがテレビや新聞に流れたら、どうだろう。多くの人々の大きな話題になるだろう。しかし、これは、まんざら夢物語ではないと私は思う。教皇の訪日と言えば、30余年まえの教皇ヨハネ・パウロ2世の来日を思い出す。あの当時、日本の司教団もカトリック信徒たちも、はじめは「日本のような信者の少ない国に教皇が来られるのは無理だろう」という雰囲気だった。

教皇訪日が現実になったのは、日本の司教団が正式に、教皇庁に対して、ヨハネ・パウロ2世の訪日を要請したからだ。ヨハネ・パウロ2世は1978年10月に就任して以来、外国訪問をするたびに、各国で大歓迎を受けていた。特にアメリカ合衆国では大フィーバーを巻き起こしていた。日本のマスメディアも、この

ニュースを大きく取り上げ、ジャーナリストの間の教皇に対する関心も高まっていた。カトリック教会内部より、マスコミの世界に教皇訪日を期待しているようなムードがあった。

そこで、司教協議会会長の里脇枢機卿に、教皇訪日要請をお願いしてみたいと思うようになった。声をかけられる範囲で、「私たちはヨハネ・パウロ２世教皇様の訪日を希望します」という署名を集めた。その署名簿を里脇枢機卿に手渡して、「ぜひ、教皇様を日本に招請してください」とお願いした。その願いは、意外にも早く聞き届けられた。司教団は１９７９年12月の臨時司教総会で、教皇訪日要請を正式に決定した。ただちに招請状がバチカンに送られた。しかし、日本司教団の要請がどのように受け止められるかは、不明だった。教皇庁からの返答を待つこと約一年。

教皇庁が、「ヨハネ・パウロ２世は１９８１年２月23日から27日まで、日本を司牧訪問する」旨、発表したのは１９８０年12月20日の夜だった（日本時間）。教皇来日まで、わずか二ヶ月しかなかった。教皇の訪日は確実と見た日本司教団はその年の夏から、水面下で教皇歓迎の準備を進めていた。準備の一つに「ヨハネ・パウロ2世」というタイトルのA4横型パンフレットがあった。カラー印刷で48ページ、定価500円だった。司教団の広報委員会が、30万部発行して全国のカトリック教会、学校、施設などを通して販売した。30万部という、とてつもない量だったが、ほとんどが片付いた。教皇を迎える難題に、歓迎費用がある。前回の教皇歓迎費用は、ほぼ30万部の小冊子の売り上げで賄うことが出来た。教皇の訪日を、再び日本の司教団が要請する日が来るだろうか。夢よ、もう一度、という思いがある。

戦争は人間のしわざです。戦争は死です

２０１３年８月号

8月のイメージは人によって違うでしょうが、私の場合、戦争です。太平洋戦争が終わった１９４５年8月15日、私は3歳でした。終戦の鮮明な記憶はないにもかかわらず、なぜか、8月は戦争を思い起こします。今年も8月がめぐってきました。戦争を思い起こします。今年の8月は、これまでとは違って、気が重い8月です。去る7月21日におこなわれた参議院議員選挙の結果、政権与党が大勝したからです。現政権は、いずれ憲法を変えて、戦争の出来る国にしようとしています。先の戦争後68年間、一度も戦争に巻き込まれなかった、私たちの国が、「国防軍」を持ち、どこかの国に戦争をしかけることが可能になります。そうならないように、祈るばかりです。

どんな理由であれ、戦争は嫌です。たとえ、中国や北朝鮮が戦争を挑発したとしても、絶対に戦争には反対です。この考えは、現代カトリック教会の方針でもあります。国と国の争いごとは、話し合いで解決しなければなりません。かつて

日本が経験した太平洋戦争を振り返るとき、戦争がいかに無意味なものであったか、悲惨な結果を生んだかが分かります。

あの戦争は、３００万人以上の人々の命を奪いました。船に乗っていた私の父親も、終戦の3か月前に、アメリカ軍の機雷により、海の藻くずとなってしまいました。父を亡くしたから、戦争反対というのではありません。罪のない子どもや母親の命も含めて、貴い命をもった兵士を殺してしまうのが戦争です。神様は、戦争で人を殺すことを、望んでおられません。マリア様も戦争のない平和な世界を喜ばれるはずです。

終戦直後、戦争に対して強く「ノー」と叫んだ人がいます。パウロ永井隆博士です。長崎・浦上天主堂下の「如己堂」の病室で執筆活動をしながら、戦争反対、核廃絶、世界平和を訴えました。「平和を」と毛筆で書いた色紙を、１０００枚以上作って、方々に配ったと言われます。今のようなコピー機がない時代です。1枚1枚、手書きで１０００枚書く作業はたいへんなものです。しかも永井博士は寝たきりで、それをしたのです。博士の戦争反対、平和への思いが伝わってきます。

永井博士にならって、私たちも「戦争反対」の意識を持ちましょう。日本の憲法に「国防軍」のような文字が記されないように、意思表示をしましょう。8月15日、終戦記念日を迎えるにあたり、被昇天の聖母マリアをとおして、世界中で続いている戦争の終結と、世界平和を心をこめて、祈りましょう。「戦争は人間のしわざです。戦争は死です」（ヨハネ・パウロ2世の広島での平和アピール）

9月8日はマリア様のお誕生日の祝日です

2013年9月号

9月は、意外に大きな祝日、記念日が多くあります。祝日よりもワンランク上の祭日には、29日の聖ミカエル、聖ガブリエル、聖ラファエルの大天使の祭日があります。ただ、今年はカレンダーの上で29日は日曜日に当たるため、大天使の祭日は祝われません。

皆さんは、マリア様のお誕生日はご存知ですか。9月8日が、なぜかマリア様のお誕生日の祝日になっています。9月生まれの方、どうぞともに喜んでください。しかし、今年は日曜日と重なるために、マリア様の誕生日も典礼上では、消されています。9月8日と言えば、日本が終戦後、アメリカ・サンフランシスコで「サンフランシスコ平和条約」に調印した記念日です。思えば、1941年12月8日、マリア様の無原罪の御宿りの祝日に、真珠湾攻撃で太平洋戦争が始まりました。約4年後の1945年8月15日、マリア様の被昇天の祝日に終戦を迎えました。その6年後の1951年9月8日、マリア様の誕生の祝日に、日本は

「サンフランシスコ平和条約」を結んでいます。太平洋戦争の開戦、終戦、そして終結とマリア様の祝日が結びついていることに不思議な縁を感じます。

９月は、仁川教会と縁の深い聖フランシスコにつながる記念日もいくつかあります。17日は聖フランシスコの聖痕の記念日です。聖フランシスコは、死の２年前、大天使聖ミカエルの祝日前の40日の祈りと断食のために、アシジの北にある「ラ・ヴェルナ」山にこもりました。そこで、十字架に架かった天使セラフィムのような像から射す光によって、両手、両足、胸に不思議な傷（聖痕）を受けたと言われます。

18日は、クペルティノの聖ヨゼフの記念日です。この聖人は、飛行機を操縦するパイロットの保護者として有名です。１６００年代のイタリア人で、コンベンツアル聖フランシスコ修道会員です。若いときからしばしば脱魂状態になり、人びとの好奇の的となったことから、修道会からアシジの修道院に「軟禁」されました。聖堂から遠い地下の個室にいながら、大聖堂で行われる、無原罪の聖母の祝日のミサに浮遊して与っていたという話が伝わっています。

23日は聖ピオの記念日です。この聖人もアシジの聖フランシスコの弟子の一人です。南イタリアのカプチン・フランシスコ修道会の司祭です。聖フランシスコと同じように「聖痕」を受けた聖人として知られています。亡くなったのは1968年9月23日ですから、現代的な聖人です。ピオ神父が晩年を過ごした南イタリアのロトンドという町には大聖堂があり、いま、世界で一番多くの人が訪れる巡礼地となっています。9月には、ほかに「マリアのみ名」(12日)、「悲しみの聖母」(15日)など、マリア様にちなんだ記念日があります。

もう一人の「八重」を知っていますか

2013年10月号

今年のNHKの大河ドラマは「八重の桜」でした。主人公の新島八重は、京都・同志社大学を創立した新島襄の妻に当たります。ドラマの「八重」にちなんで、もう一人の同志社の「八重」を紹介しましょう。

この人の名前は、井深八重です。ソニーの創業者の井深大は遠縁にあたります。会津出身の両親から台湾で生まれました。7歳のとき、両親が離婚。八重さんは父親の兄にあたる伯父のもとで育てられました。教育者だった伯父（明治学院創立者）のすすめで八重さんは、13歳のとき京都の同志社女学校に入学します。その後、8年間寄宿生活を送り、同志社・専門学部英文科を卒業しました。1918（大正7）年3月のことです。同年4月から、長崎県立女学校の英語教師として赴任します。八重さん21歳でした。長崎で1年を過ごした1919（大正8）年、思わぬ災難が降りかかって来ました。八重さんの身体に、原因不明の斑点が現れたのです。当時、九州で一番大きな福岡の病院で詳しい診察を受けたところ、ライ病（当時の呼び名）の疑いがある、と診断されました。その結果、八重さんは、はっきりした理由も告げられず、静岡県の「復生病院」に送られました。復生病院とは、1889（明治22）年に、パリ外国宣教会のテストヴィド神父によって創立された、日本最古のハンセン病療養所です。ここに隔離入所させられた井深八重さんは、入所3年目の1922（大正11）年、権威ある医師の診察の結果、ハンセン病ではないことが分かりました。当時の院長、ドルワール・ド・レゼー神父は八重さんに言いました。「あなたが、この病気でないことが分かった以上、あなたをここにお預かりすることはできません。あなたは、もう子どもではないのですから、自分で将来の道を考えなさい」。

しかし、八重さんは「もし許されるなら、ここにとどまって働きたい」と答えました。八重さんは、ハンセン病患者を献身的に看護するレゼー神父に感銘を受け、病院にとどまることを決意したのです。神父の同意を得た八重さんは、看護婦の資格を取りに東京に行き、翌年、病院に帰って来ました。ハンセン病に対する差別と偏見がたいへんな時代に、八重さんは、極貧の状態の病院を支えたのです。薬の調合、治療、炊事や食事の世話、病衣や包帯の洗濯、畑仕事、寄付集め、経理などなど、仕事にはきりがありませんでした。八重さんは天に召される1989年5月15日まで、約66年間をハンセン病者のために献身しました。いま、八重さんは、御殿場の復生病院の墓地に眠っています。その墓碑には「一粒の麦」カタリナ井深八重之墓、と刻まれています。

深堀神父様、ケイタイ届けなくてごめんなさい

2013年11月号

サムエル深堀貴神父様が10月11日に天に召されました。1年1ヵ月の入院生活でした。神父様が倒れたのは2012（平成24）年9月6日の夜です。真夜中に神戸・六甲アイランド甲南病院に救急車で搬送されました。小脳の梗塞で嚥下機能がなくなり、最期まで回復しませんでした。深堀神父様とは何度か同じ修道院で、同じ釜の飯を食べた仲です。1961（昭和36）年、筆者が長崎から東京・王子の神学校に行ったころ、深堀神父様はローマ留学から帰ったばかりの新進気鋭のホープでした。神父様が帰国早々受け取った辞令は、「奄美大島行き」。司祭生活のスタートを切った奄美大島は、深堀神父様にとって、切っても切れない土地になりました。奄美名産の黒糖焼酎「れんと」は、大のお気に入りでした。行事が奄美大島であると、喜々として出かけました。親しい友人が病に倒れたと聞くと、駆けつけて励ましていました。

深堀神父様と仁川教会との縁は、奄美大島以上に深いものがあります。二度

にわたって、主任司祭、修道院長を務めました。最初の赴任は1966（昭和41）年、神父様が34歳の時です。約4年間、主任司祭、修道院長、幼稚園長の一人三役をこなしています。現在のマリアの園幼稚園の園舎は、深堀園長時代の建物です。その後、深堀神父様は活動の場を東京に移しました。東村山修道院長、赤羽修道院長、管区長などの要職を務めました。さらに、長崎・聖母の騎士修道院長のあと、再び、仁川修道院に帰って来ました。1994年（平成6）年4月でした。阪神淡路大震災が起きたのは、その翌年です。1995（平成7）年1月17日、大震災の時、深堀神父様が主任司祭であったのは、神様の摂理だと思います。新築まもない聖堂を、避難所として開放したのは、神父様の大英断でした。それにより、どれだけ多くの人が助かったでしょうか。元気だった神父様は、近隣の女子修道院などなどもバイクで回って、支援の手を差し伸べたと聞きます。

人々の輪の中に入り、賑やかなことが大好きだった神父様にとって、人生の最後の一年は、ほんとうに、苛酷でした。身動きできない体を、ベッドに横たえているだけの生活。それでいて、記憶も意識も明晰という状態は、苦しみの極限ではなかったでしょうか。その病床で、何度か「携帯電話がほしい」と懇願されたことがありました。その都度、「院長に頼みます」と言って逃げたことが、今になって悔やまれます。なんとか、神父様の願いを叶えてあげられなかったものか。たとえ、使えないと分かっていても、ケイタイを届けるべきではなかったか。神父様にお詫びするしかないと思います。

主よ、永遠の安息を深堀神父様に。さようなら、深堀神父様！

キリスト教宣教師へ変身した真珠湾攻撃総隊長

２０１３年12月号

12月8日は、カトリック教会では、無原罪の聖母の祭日を祝います。この聖母の大祝日は、日本では、太平洋戦争開戦の日として思い起こされます。12月８日と言えば、年配の方には「真珠湾攻撃の日」というイメージが強いでしょう。真珠湾の奇襲攻撃については、誰しも知っていますが、この爆撃の指揮を執った人の名前を知る人は、少ないでしょう。

その人の名は、淵田美津雄と言います。私も、数年前にＮＨＫラジオ深夜便で初めて知りました。この淵田さんの数奇な人生を紹介しましょう。淵田さんの生まれは、奈良県の葛城市です。軍人を志し、海軍兵学校52期生となりました。同期生に、有名なパイロット源田実（のちに国会議員として活躍）や高松宮宣仁親王がいました。

兵学校を卒業後は、海軍中尉、大尉、少佐、中佐と、とんとん拍子に出世しました。そして、運命の１９４１年12月８日、ハワイ真珠湾攻撃を迎えます。そのときの役割は、空襲部隊の総指揮官でした。有名な暗号「トラ、トラ、トラ」（奇襲に成功せり）と打電したのが、淵田総指揮官です。真珠湾攻撃後の日本軍は、ラバウル、ポートダーヴィン、ジャワの戦闘で連勝し、勢いに乗りました。しかし、1942年6月、ミッドウエー海戦からは敗戦への道を転がり落ちて行きます。ミッドウエー海戦の直前、淵田大佐は、虫垂炎を患い、戦艦「赤城」上で盲腸手術を受けねばなりませんでした。さらに、悪事は続きます。「赤城」が爆撃され、爆風に吹き飛ばされて、両足骨折というアクシデントに見舞われました。やむなく、横須賀鎮守府に帰還しました。それでも、淵田大佐は再び、戦場へと飛びます。1944年2月、テニアン島へ赴きます。いよいよ、日本軍は追い詰められました。1944年10月、レイテ沖海戦が始まるころ、神風特攻隊が組織されます。しかし特攻攻撃には、淵田大佐は反対したと言われます。

1945年には、日本に帰り、航空参謀の仕事に就きます。8月初め、広島に赴き、作戦会議に出席しました。8月6日、広島原爆の日、前日に広島を離れていた淵田さんは、かろうじて難を逃れます。原爆の翌日には、調査団として広島に入市しましたが、放射能汚染は免れました。淵田さんの人生は、終戦後、ガラリと変わります。戦後処理のため、上京の折一枚のビラを拾い、キリスト教と出会います。1951年、日本キリスト教団で受洗。日本で信仰生活を送るだけにとどまらず、アメリカに8度宣教旅行に出向きます。「戦争は無知から生まれた。戦争の愚かしさ、憎しみの連鎖を断ち切ろう」と訴えました。

カンボジアの子ども教育に旅立つ細川さんのこと

2014年1月号

2014年1月28日、一人のカトリック信徒が、宣教の使命を負って、カンボジアに旅立つ。その人の名は、細川昭雄さん（64）。四国・松山の出身である。カトリックの宣教者とは、普通、独身の修道者か、司祭である。しかし、近年、社団法人として「日本カトリック信徒宣教者会」という組織が生まれた。細川昭雄さんは、この宣教者会の一員として、カンボジアに派遣されることになった。聖職者ではない社会人が、宣教に出かけるのは、そう簡単ではない。

宣教者にふさわしいかどうか、心と体が健康であるか、家族の問題はないか、などの審査を受けなければならない。宣教者としての妨げがないと判断されると、次の段階に進む。東京での研修が義務づけられる。東京都調布市にある研修所に缶詰？になって、勉強する。細川さんは、昨年4月初め、西宮市の家族に別れを告げ、夜行バスで上京。11月までの約7か月間、他の2人の仲間とともに、寮生活をしながら、朝から晩まで宣教学に打ち込んだ。部屋は与えられるが、食事はない。自炊をしなければならなかった。同じ寮内で受ける講義だけでなく、ときには都心の大学や教会に出向いての講座もある。それればかりではない。静岡の福祉施設での実習や、川崎の屠殺場の見学などのカリキュラムも組まれていた。それに、7月から9月までの2か月間、海外研修があった。研修場所はフィリピンのマニラ。

フィリピンではEAPI（東アジア司牧研修所）に寝泊まりして、さまざまな授業を受けた。聖書、典礼、宣教、といった専門的な知識をたたき込まれた。そのテキストも講義も、すべて英語で行われる。社会人になって、英語の授業について行くのは並大抵のことではない。それでも、細川さんは、持前の明るさと度胸で若い学生との交流を楽しんだ。

細川さんにとって、フィリピンでの研修中、気にかかることがあった。西宮市上ヶ原病院で療養中のサムエル深堀貴神父様のこと。なんとか、帰国まで無事でいてほしい、と神父様のために祈った。その願いは聞き入れられた。9月27日、上ヶ原病院の「陽喜な家」の深堀神父様を見舞うことができた。細川さんと会って、まもなく10月11日朝、深堀神父様は息を引き取った。思えば、細川さんにとって、深堀神父様は、信仰上の「おやじ」だった。かつて、東京でサラリーマン生活を送っていたころ、赤羽教会の主任司祭だった深堀神父様に出会った。深堀神父様は、毎週1回、夜、細川さん宅までバイクで通い、カトリック教理の手ほどきをしてくれた。そのお陰で、細川さんは洗礼に導かれた。恩師、サムエル深堀神父様の身代わりのような形で、細川さんはいま、宣教者となったのである。

年末の教皇フランシスコの留守番電話

2014年2月号

教皇ベネディクト16世が、引退を発表されたのは、ちょうど1年前の2月だった。それから約1か月後に新教皇フランシスコが選出された。コンクラーベ前には全く無名のアルゼンチンの大司教、ベルゴリオ枢機卿だった。

フランシスコを名乗った教皇は、またたく間に全世界の人々の心を捕らえた。その一つの表れが、昨年末の12月11日、アメリカの有名な週刊誌「タイム」が、教皇フランシスコを「今年の人」に、選んだとの発表である。タイム誌は、「世界の新たな良心の声」と教皇をたたえた。さらに、こう続けている。「卑賤から身を起こし、諸問題への現実的な対応で称賛されているフランシスコ教皇は、中南米出身者としては初めて教皇に選ばれ、弱者の側に立った姿勢を率先して発信し続けている」。また、タイム誌のギブス編集長は教皇についてこう述べている。「貧富、公平と正義、現代性、国際化、女性の役割、結婚の本質、権力の誘惑など、現代の中心的話題の中心に自らを置いてきた」。教皇フランシスコの写真を表紙にした「タイム」の教皇特別号は、世界中で話題となり、各地で売り切れた。

今年早々、教皇が話題に上ったのは、「留守電騒動」だった。日本の新聞には、あまり見当たらなかったので、紹介しよう。教皇フランシスコは、昨年12月31日、スペイン南部のルセーナのカルメル会修道院に電話をかけられた。あいにく応答がなかったので、教皇は「教皇フランシスコです。年末のあいさつをしたい。後でかけ直します。皆さんに神の祝福を」と留守番電話にメッセージを残された。

教皇の電話があったのは、大晦日の昼前。修道院では正午の祈りを唱えていて、シスターたちは電話を取ることができなかった。留守番電話のメッセージを聞いたシスターたちはびっくりした。院長は「文字通り、死にたいほどの気持ちだった」と話した。スペイン南部コルドバに近いルセーナのカルメル会修道院は、労働者が多く暮らす地区にある。アドリアナ院長はアルゼンチン出身で、教皇とは15年前から親交があったという。

院長は、教皇の留守電を聞いた直後、地元の司教をはじめ、いろいろな関係者にあたって、バチカンに電話をかけようとしたが、うまくいかなかった。電話をかけるのをあきらめていたところ、夜、再び教皇から電話がかかってきた。５人のシスターたちはかわるがわる教皇と言葉を交わした。教皇は「決して希望を失わないで」と語りかけたという。院長は「私たちのことを思い出してくださるとは思ってもいなかった」とふりかえっている。

死ぬまで信仰を貫いたキリシタン大名

2014年3月号

日曜日午後8時、NHKテレビの「大河ドラマ」は、毎年、全国の話題になる。2014年のドラマのタイトルは「軍師 官兵衛」。主人公は、豊臣秀吉の参謀として知られる黒田孝高（くろだ・よしたか）である。れっきとしたキリシタン大名である。しかし、ドラマでどれだけキリシタン、黒田孝高が描かれるかは不明だ。おそらく、キリスト教徒としての官兵衛の姿はあまり見られないのではないか。その証拠に、本屋に並んでいる数々の「黒田官兵衛」関連本をあさってみても、官兵衛とキリシタン信仰については、ほとんど触れられていない。それでは、官兵衛は、キリシタン信仰に熱心ではなかったのか。そうではない。むしろ、他のキリシタン大名に比べて遥かに優れた信仰者であったことがうかがえる。官兵衛のキリシタンを表す印として、生涯、側室を持たなかったことがあげられる。多くの大名が何人かの女性と関係を持つのが普通だった時代、キリスト教のモラルを忠実に守った点で、官兵衛の信仰を見る思いがする。

黒田官兵衛は1585年大坂で洗礼を受けている。主に3人のキリシタン大名の勧めがあったとされる。最初は、小西行長、次に高山右近、それに蒲生氏郷である。洗礼を受けた孝高は、豊臣秀吉の禁教令までの2年間、何人かをキリスト教に導いている。たとえば、息子の長政、大友義統、毛利秀包、などが洗礼を受けた。しかし、残念ながら、かれの夫人は洗礼を拒んでいる。1587年、秀吉が突然、禁教令を発したとき、官兵衛は信仰を捨てなかった。ルイス・フロイス神父は、次のように記録している。「このとき、官兵衛殿は信仰のことにおいて、非常にしっかりしていて、しばしば神父と話したり、手紙を書いたりしてなすべきことを勧め、いつでも教会のために命をささげる覚悟ができていると言っていました」。高山右近が秀吉から追放されてから、官兵衛は、秀吉にヴァリニャーノ神父を取り次ぐ役目を果たした。秀吉は官兵衛にキリシタン信仰を止めるように命じなかったが、信者だったために大きな領土を与えなかった。

黒田官兵衛は、1605年4月、京都伏見で亡くなっている。遺言に従って、遺骸は博多に運ばれ、イエズス会のペトロ・ラモン神父、トマス神父らによって、葬儀が行われた。

官兵衛のもう一つの遺言に、博多に教会（聖堂）を建てるためにイエズス会に寄付をすること、とあった。聖堂は、１６０６年４月に完成し、献堂式と官兵衛の追悼ミサがささげられた。ミサ後、城主黒田長政は宣教師を招いて宴を開き、感謝の意を表したという。

増原キミイさんの晩年の1年3カ月

２０１４年４月号

赤い帽子に赤い靴。これが増原キミイさんの教会に行く時の衣装でした。阪神競馬場の少し先にある東仁川団地から、杖をつきながら、ゆっくりゆっくりゆっくり歩いて教会に通いました。

途中、２、３度休みますから、自宅から教会まで約1時間かかりました。休憩している増原さんの傍を何人もの教会仲間が声をかけて通り過ぎました。時には、車上から「乗って行きませんか」と勧めました。そんな呼びかけを丁寧にことわって、自分の足での教会通いを続けました。

増原さんが、宝塚市立病院に運ばれたのは２０１２年11月初旬でした。電話に出ない増原さんを心配して、神戸から娘の千穂さんが宝塚・鹿塩のアパートに駆けつけました。増原さんは、転んで起き上がれない状態でした。足元がふらついて倒れたようです。額には大きな内出血の跡がありました。11月下旬、千穂さんの住む神戸の病院に転院しました。ＪＲ三宮駅近くの三聖病院です。６階の４人部屋でした。駅の近くでしたので、電車でご聖体を授けに行きました。増原さんは、ベッドに休んでいましたが、いたって元気でした。朝、千穂さんが届けてくれる朝日新聞を読んでいました。眼鏡なしで新聞を読んでいるのには驚きました。

好物と聞いて、餅や干し柿やイチゴを持って行くと、大喜びでした。お見舞いに伺うと、きまって「びっくりした！」と歓声を上げて満面に笑みを浮かべました。

この笑顔に会うのが、いつしか日課になりました。多いときは週に3回面会に行ったこともあります。元気を取り戻した増原さんは、2013年1月末、神戸市灘区の老健施設・プリエールに転居しました。ここは、リハビリ付きの療養型ホームです。かつて、カトリック灘教会跡地と聞いて、増原さんは不思議な縁を感じました。増原さんが九州から神戸に移り住むようになり、最初に訪れたのが灘教会だったからです。震災後、灘教会はカトリック中央教会と統合され、敷地は老健施設に生まれ変わったのです。増原さんの部屋は、4階の日当たりの良い個室でした。窓の下には、小さき花の園幼稚園があり、子どもたちの遊ぶ姿を見たり、可愛らしい声をきくのを楽しみにしていました。ついの住処となる神戸海岸病院ケアセンターに移ったのは２０１３年10月１日。介護付き高齢者向けマンションでした。増原さんの10階の個室からは、神戸港が良く見えました。ここでは、一緒に缶コーヒーを飲んだり、一階の喫茶室に行ったりしました。増原さんは、「苦労ばかりでしたが、信仰を持つことができて、すべて帳消しになりました。今は最高に幸せです」としみじみ話していました。

パウロ 袴田巖さんの無罪判決を祈って

2014年5月号

去る3月27日、確定死刑囚の再審決定としては、戦後6例目となるうれしいニュースが流れました。新聞もテレビもニュースのトップで伝えました。48年ぶりに拘置所から釈放された袴田巖さんの裁判に関する事柄が細かく報道されました。しかし、袴田さんが、獄中で洗礼を受けたカトリック信徒であることは、どこにも見当たりませんでした。一般国民にとって、信仰のことは、それほど重要視されていないのでしょう。

袴田さんが、洗礼を受けたのは、1984（昭和59）年12月24日、クリスマスイブの日です。洗礼を授けたのは、東京教区司祭の志村辰弥神父です。教誨師の志村神父は、東京・小菅の拘置所に通い、袴田さんにカトリックの教理を教えました。以前からキリスト教を学んでいた袴田さんは、こう述べています。「私がカトリック者として生きる決意を固めた理由は幾つかあるが、それを一口で言えば、人間として絶対に正しく生きてゆける道がそこにあるからである。古今東西、宗教が人間を支えた部分は大きい。それは謙虚な気持で合掌し、信ずるものを得るところに大きな救いがあるからだ」（『主よ、いつまでですか』袴田巌獄中書簡147頁）。

袴田さんは、聖心会の修道女、シスター岩下きよ子さんとも手紙を通して交流があり、影響を受けています。シスター岩下は、聖心会の日本人会員第一号で、有名な岩下壮一神父の妹です。シスター岩下の死去を知った時、袴田さんは日記に書いています。「ショックでした。私は今、貴母の面影を偲び、優雅な微笑み、比類なき愛を見、聖なる人格と聖霊によって今も私の心をうつ貴姉、私の聖母、岩下きよ子様、永遠の幸福の中に安らぎますように、父と子と聖霊との御名によって、アーメン」（同141頁）。

袴田さんは、裁判では一貫して無実を訴えました。45通のうち、たった1通だけ認められた調書によって、死刑が確定しました。取調べは過酷なものでした。「私に対する取調べは人民の尊厳を脅かすものであった。殺しても病気で死んだと報告すればそれまでだ、といっておどし罵声をあびせ棍棒で殴った。そして、連日二人一組になり三人一組のときもあった。午前、午後、引続いて午前二時頃まで交替で蹴ったり殴った。それが、取調べであった」（同114頁）。

袴田さんは、長い拘留のために心身の病に侵され、かつて洗礼を受けた頃のような元気は失われている。それでも、再審の扉が開かれ、いつの日にか、晴れて「無罪」の判決を勝ち取ることができますように。『主よ、いつまでですか』(新教出版社刊参照)

聖ヨハネ23世教皇のお陰で、日本語のミサが出来た　２０１４年6月号

去る４月27日（神のいつくしみの主日）に、二人の教皇様が聖人に列せられました。

第２６１代教皇ヨハネ23世と第２６４代教皇ヨハネ・パウロ２世です。二人の教皇様が同時に列聖されるのは史上初めてです。また、現教皇、フランシスコと引退した前教皇、ベネディクト16世の二人の教皇が同時に列聖式に立ち会うというのも珍しい光景でした。

ヨハネ・パウロ２世教皇様については記憶に新しいので、ここでは、ヨハネ23世教皇様について紹介します。教皇ヨハネ23世が就任したのは１９５８年10月、逝去したのは１９６３年６月。わずか４年７カ月の在位でした。教皇に選出されたとき76歳、亡くなられたとき81歳です。しかし、短い教皇職にありながら、ヨハネ23世が残した業績は、現代カトリック教会の中で燦然と輝いています。何といっても第一の功績は、第二バチカン公会議を開催したことでしょう。公会議に

は長い準備がかかり、在位中の開催はとても無理、という声が圧倒的でした。しかし、1962年10月11日、第二バチカン公会議は開かれました。全世界から2000人を超える司教、神学者、諸宗教関係者が参集しました。日本からも土井東京大司教をはじめ、全国の16教区から司教たちが参加しました。公会議の最初に取り上げられたのは、典礼の現代化でした。それまでラテン語でささげられていたミサを、それぞれの国の言葉でおこなうよう改革されました。この公会議の決議により、ミサ典礼書の改正が行われ、日本では1969年から日本語のミサがささげられるようになったのです。現在のミサ典礼はヨハネ23世が開催した第二バチカン公会議のお陰、とも言えると思います。ミサばかりではなく、その他の典礼儀式に使う言葉もラテン語から日本語に切り替わりました。ヨハネ23世と日本との関係で、忘れられないのは、初めて日本人を枢機卿に選ばれた、ということです。1960年3月、東京の土井辰雄大司教が枢機卿に推挙されました。教皇が日本を心にかけてくださった証拠ではないでしょうか。

ヨハネ23世の在位時代、アメリカとソ連は冷戦の真っただ中にありました。アメリカ大統領はJ・Fケネディでした。ソビエトにはフルシチョフ首相がいました。二人はヨハネ23世の逝去に弔電を送っています。

「ヨハネ23世の英知、あわれみ、やさしさの力は未来のため、目的と勇気の新しい遺産を人類に残した」（ケネディ）

「われわれはヨハネ23世のよき思い出を忘れないだろう。平和の維持と強化のため、彼がおこなった実り多い活動は、広く人々に認められ、平和を愛好する諸国民から尊敬をかちえたのである」（フルシチョフ）

水の冷たさが印象に残りました

2014年7月号

ルルド巡礼に行ってまいりました。ルルドは、思ったより寒い中での巡礼となりました。

ルルド巡礼の目玉の1つに沐浴（水浴び）があります。27年前に一度経験がありますが、ほとんど記憶に残っていません。どういう方法で水槽に浸かったのか、覚えていません。

27年前と今では規則が変わったかも知れません。現在、ルルドの沐浴は毎日、午前9時から11時までと、午後2時から4時まで行われています。今回は、5月27日、昼食を早めに終えて、午後1時過ぎに沐浴場に急ぎました。沐浴場は、マリア様のご出現の洞窟の前を通り過ぎた所にあります。洞窟の右手になります。沐浴は男性と女性が別々に別れて順番を待ちます。沐浴場も、男女別々に設けられています。洞窟に近い方が男性用、遠い方が女性用です。女性側の列が圧倒的に長く伸びていました。係員に促されて、男性の列に並びました。木の長いベンチに腰掛けて待つのです。先頭から数えて、私は16番目でした。沐浴開始の2時になると、係員が6人ずつ沐浴場の待合室に呼びこみます。約30分後、私は待合室に入りました。そこは、狭い部屋です。3人がけの長椅子が向かい合って置かれています。椅子の背後に衣類をかけるフックが取り付けてあります。沐浴者は狭い待合室に入るや否や、衣服を脱ぎ始めます。私のほかは、中国人風の人が2人、ほかは西欧人でした。あっという間に上半身は裸になり、下もブリーフ1枚になります。そのままの姿勢で、先の沐浴が終わるのを待ちます。沐浴時間は人によって違います。私の前に入った人たちの中からは笑い声さえ聞こえましたから、かなり長いと感じました。6人のうち私が最後の1人になりました。沐浴場のカーテンが引かれ、中へと導かれます。中に、2人の係員がいます。中年の男性です。沐浴場に入ると、係員を後ろにして最後の下着を取り、隅に置いてある台の上に置きます。すると、背後から係員の1人が濡れたシーツのような白い布で、下半身をしっかり巻いてくれます。白布を巻かれた直後、係員と対面します。その2人に両手を取られながら、ゆっくりとバスタブのような水槽に入ります。その水の冷たかったこと。水槽の奥にある小さなマリア像に祈り、接吻します。それから、係員から水槽にザブンと浸されます。水槽から上がると、後ろ向きになり、白布をはずしてもらいます。下着をつけ、待合室へ戻ります。そのまま、衣服を身につけます。濡れたままの体に衣服をつけても、違和感がないのは不思議です。今回は、感動よりも水の冷たさが印象に残る沐浴となりました。

平和を訴え続けた永井博士の叫び

2014年8月号

「理屈はなんとでもつき、世論はどちらへでもなびくものである。日本をめぐる国際情勢次第では、日本人の中から憲法を改めて戦争放棄の条項を削れ、と叫ぶ者が出ないともかぎらない。」

1949(昭和24)年に出版された永井隆博士の本「いとし子よ」の中に書かれた文章です。

ことし7月1日、政府は集団的自衛権の行使を認める閣議決定をしました。日本が戦争をしない国から、戦争をする国に変わろうとしています。戦争を放棄した私たちの国が、再び、戦禍に巻き込まれないように、力を合わせて「戦争反対」の声を上げ続けて行こうではありませんか。

そのためにも、病床からペンを持って「平和」を訴え続けた、永井博士の姿を思い起こすことは、励みになるのではないでしょうか。

永井博士には、太平洋戦争を含めて、3度の戦争体験があります。身を持って、戦争の愚かさ、悲惨さを味わっているのです。それだけに、博士の「戦争反対」の叫びは、説得力があります。最初は１９３３（昭和8）年5月、陸軍二等軍医となり、傷病兵輸送のために満州事変に従軍しています。2回目は１９３７（昭和12）年8月、広島歩兵11連隊の衛生隊医長として、日中事変で中国大陸に従軍しています。3回目は太平洋戦争で、長崎で原爆被爆を体験します。戦争の現実を目の当たりにして、永井博士は「戦争は絶対ダメ」と確信したのです。

永井博士はレントゲン医師の仕事から白血病を発症し、戦争後の１９４６（昭和20）年7月から寝たきりの生活を強いられました。１９５１（昭和26）年5月1日に亡くなるまでの約6年間に、17冊の本を世に送り、多くの日本国民に希望を与えました。その著作は、「平和」を訴えることに多くのページを割いています。永井博士はこう書いています。

「いくつかの本を書きましたが、つまるところ私の書いたことは「平和を……」の願いであります」

病臥しながら、毛筆で「平和を」と半紙に書き、友人、知人に配りました。その数、約千枚と言われます。「いとし子よ」という本に永井博士は次のように書いています。

「私たち日本国民は、憲法において戦争をしないことに決めた。どんなことがあっても、戦争をしないというのである。どんなに難しくても、これは善い憲法だから、実行せねばならぬ。自分が実行するだけでなく、これを破ろうとする力を防がねばならぬ。」

いまこそ、私たちは、永井博士のこの言葉を、深く噛みしめる時ではないでしょうか。

五島・福江大火で聖堂だけが奇跡的に残った

2014年9月号

1962（昭和37）年9月26日、五島列島の福江市（現五島市）で大火があった。福江の街のほとんどを焼き尽くした火災だったが、不思議にもカトリック福江教会の聖堂だけは焼けなかった。その時の信者たちの喜びはいかばかりだったろう、と思う。なぜなら、福江教会の聖堂は同年4月に落成したばかりだったからである。もし、聖堂全焼となれば、信者たちの長年の悲願だった聖堂建設が、わずか半年で灰燼に帰すところだった。

福江教会と私は、縁があった。私たちの家族は1944（昭和19）年4月、空襲の危険があった神戸市から父親の故郷、五島に疎開した。五島に着いてすぐ、仮の宿を提供してくださったのが、福江教会だった。当時の聖堂は貧しい民家風の建物だった。その隣に私たちは、間借りさせてもらった。同じ敷地には、女部屋（現お告げのマリア修道会）の精米所もあった。

福江教会の発足は１９１４（大正３）年４月である。五島で最も古い堂崎教会から分離されて福江小教区が発足した。初代主任司祭は、出口一太郎神父（後に鹿児島教区長）である。続いて、田川伊勢松、中島万利、浜田朝松、今村悦夫神父らが主任司祭を務めている。

日本家屋の聖堂から本格的な聖堂に建て替える計画は、昭和初期からあった。しかし、戦争が始まり、当初の聖堂建設計画は宙に浮いたままになった。新聖堂建設は昭和22年に福江教会主任司祭となった松下佐吉神父の時代になって、ようやく実現した。建築費積立てを始めて14年後の１９６１（昭和36）年３月着工、１９６２（昭和37）年４月に落成した。４月25日、山口愛次郎大司教によって、献堂式が行われた。軽鉄骨ブロック建ての白亜の洋風聖堂が福江の中心部に姿を現した。福江大火が起きたのは、その５ヶ月後のことである。信者たちは、必死になって、聖堂の類焼を防ぐとともに、燃えないように祈った。当時の体験を信者は次のように記している。

「聖堂の屋根には人頭大の火の粉ならぬ火の塊が雨かあられのように降りかかり、信徒の消火活動もこれまでかと思われた。松下師も天を仰いで、『ああ、もう駄目だ』と洩らされるまでに至った。新聖堂が灰に帰するのも、あと数分であろうと誰もが判断し、祈るよりほかはなかった。」（福江教会報「こころ」昭和62年4月5日号）

その後、風向きが変わり、聖堂の屋根に降り注いでいた火の粉は止まった。まさに、奇跡的に聖堂は残った。福江大火の写真を見ると、焼け野原に白亜の聖堂だけが無傷で建っている。信者たちの必死の消火活動と祈りの賜物だろう。

幼いイエスの聖テレジアと聖コルベ

２０１４年10月号

10月の教会カレンダーの最初に祝う聖人は、幼いイエスの聖テレジアテレジアは、フランス・アランソンで、時計店を営む父とレース職人の母のもとに生まれた。４人の姉とともに育った。４歳のとき、母親を失い、長女のポリーヌが母親代わりでテレジアの世話に当たった。しかし、姉ポリーヌはテレジアが９歳のとき、リジューのカルメル修道会に入会した。慕っていたポリーヌが修道院に入ったときから、テレジアはしきりに修道院行きを望むようになった。13歳のとき、他の二人の姉マリーとレオニーも修道院に入った。14歳になったとき、テレジアも修道院入りを父親に願った。父は許したが、修道院からは年齢を理由に入会を断られた。

（１８７３〜１８９７）である。

15歳のとき、父親とともにローマに巡礼した折、教皇レオ13世に特別謁見し、修道会入会の特別許可を願った。教皇は、地元の司教と相談するようにと、やさしく諭した。教皇の勧めに従って、故郷の司教に懇願した結果、異例の16歳でのカルメル会入会が許可された。修道名は「幼いイエスのテレジア」。念願かなって修道院に入ったが、間もなく肺結核にかかり、24歳でこの世を去った。カルメル会修道院生活は8年間で終わった。

死後、テレジアが書き残した自叙伝が発行されると、ベストセラーとなり、またたく間に世界中の言葉に翻訳された。自叙伝を通して、幼いイエスのテレジアの名前は世界中で知られるようになった。テレジアがたどった、信仰生活は人々の共感を呼び、いつしか、「聖人に」という声となって、教皇のもとに届いた。「死後50年後」が慣例だった「列福調査」は、教皇ピオ10世の英断により死後16年後の1914年4月から開始され、9年後の1923年4月29日にピオ11世によって列福、その2年後の1925年5月17日、同じピオ11世によって列聖された。1927年には、幼いイエスの聖テレジアは、宣教者の保護者とされた。

聖テレジアのファンの一人にコルベ神父がいる。テレジア人気が高まったころ、コルベ神父は東洋への宣教を目指していた。宣教者の保護者、聖テレジアにコルベ神父は取り次ぎを願った。日本に旅立つ前に、リジューを巡礼している。

1930年5月、長崎で発行した「無原罪の聖母の騎士」創刊号には、幼いイエスの聖テレジアの写真付き記事が収められている。また、長崎市本河内町に建てた最初の修道院の聖堂には、幼いイエスの聖テレジアの額が飾られていた。

サンダミアノの十字架と仁川教会

2014年11月号

仁川教会の小聖堂祭壇の十字架は、「サンダミアノの十字架」と呼ばれています。この十字架が、アシジのサンダミアノ聖堂にあったことから、この名前がついています。

フランシスコ（1182～1226）が青年時代、進むべき道に思い悩んで、アシジの街はずれのサンダミアノ聖堂を訪れました。祭壇の前で祈っていると、次のような声が聞こえてきました。「フランシスコよ、崩れかかった教会を立て直しなさい」。それは、祭壇上の十字架のイエス像からの声でした。フランシスコは、その命令に従って、崩れかかったサンダミアノ聖堂を始め、ほかの荒れ果てた聖堂の修復に取り掛かったのです。

やがて、フランシスコが聞いた「教会を立て直しなさい」という声は、当時、乱れていたカトリック教会を刷新しなさい、という神の声として、人々に受け入れられるようになりました。折しも、時の教皇インノセント3世は、こんな夢を見ました。夢は、一人の若者が、倒れかかった聖堂の梁を肩で支えていました。フランシスコは、仲間たちとローマのラテラン宮殿に赴き、教皇と謁見して、修道者として活動する許可を願いました。

　フランシスコの清貧と神への献身の生き方は、アシジの貴族の少女、クララの心を捕えました。同じ修道者の道を歩きたいというクララに、フランシスコは、かつて、十字架からの声を聞いた、サンダミアノ聖堂を修道院として譲ったのです。あの不思議な十字架は、そのまま、クララ会の修道院の聖堂に留まることになりました。クララ会が現在の聖クララ大聖堂に移されたとき、サンダミアノの十字架も、聖クララ大聖堂に運ばれました。現在も、そのままです。仁川教会小聖堂の十字架のオリジナルは、アシジの聖クララ大聖堂にあります。原寸大は縦2メートル20センチですが、仁川教会の十字架は1メートル20センチのコピーです。

　サンダミアノの十字架の特色は、色鮮やかな絵が描かれていることです。イエス様の顔は正面を見つめ、何かを語りかけているような表情をしています。よく見かける十字架と違って、苦しげな顔ではありません。よく見ると、十字架の一番上には、父なる神の「手」、その下に、栄光の復活のイエス様が描かれています。十字架の傍らには、聖書の記述に従って、聖母マリア、使徒ヨハネ、マグダラのマリア、クロパの妻マリア、百人隊長が配されています。仁川教会がフランシスコの小さき兄弟会と縁が深いところから「サンダミアノの十字架」が掲げられているのです。

信仰の人、本島等さん逝く

2014年12月号

「天皇陛下に戦争責任はあると思います」という発言が大きな騒ぎを引き起こした。1988年12月だった。発言の主は、長崎市長の本島等さん。定例市議会で共産党議員から、天皇の戦争責任について質問を受けた本島市長が答えたのが、先の言葉だった。折しも昭和天皇は、病床にあった。本島発言は全国民を巻き込む騒ぎになった。それから、1年余りたった1990年1月18日、本島市長は、長崎市役所玄関で、ピストルで撃たれた。瀕死の重傷を負った。救急車で市民病院に運ばれた本島さんは、「聖母の騎士の神父を呼んでくれ」と側近に頼んだ。聖母の騎士修道院の末吉院長が病院に駆けつけて、病油の秘跡を授けた。

本島さんは、長崎県上五島のキリシタン集落、仲知（ちゅうち）の出身。大阪教区長の前田万葉大司教も同じである。佐世保に出て苦学生活を送り、戦争中は熊本の陸軍教育隊の任務にあたった。後に、日本の加害責任を問い、中国や韓国への謝罪を訴えた。自身の軍隊経験の反省からだった。

その本島等さんが、諸聖人の祭日の前夜亡くなった。92歳だった。根っからのカトリック信者で、生涯、信仰を貫く生き方は変わらなかった。筆者は長崎で、しばしば本島さんの姿を見た。市長の公務の合間を縫って、時折、聖母の騎士修道院を訪れることがあった。警備の人を遠ざけて、受付に「告解をしたい。神父を呼んでくれ」と告げた。ゆるしの秘跡を受ける市長の姿は、司祭以外のだれの目にも触れなかった。銃撃を受けて、病院に運ばれたときも、「聖母の騎士の神父を呼んでくれ」と頼んでいる。瀕死のとき、こんなことが言える人は、滅多にいないと思う。

晩年は、長崎駅前にあるカトリック中町教会のミサによく与った。愛妻の乗る車椅子を押して、聖体拝領する姿が見られた。友人の葬儀ミサがあると、杖をつきながらも浦上天主堂に足を運んだ。

本島さんの通夜は、11月1日、諸聖人の祭日の19時から、葬儀ミサは11月2日、死者の日の11時からカトリック中町教会で営まれた。日時も場所も公表されない密葬の形だったが、大勢の会葬者であふれたという。11月2日の死者の日にお葬式、というのは願ってもない巡り合わせだろう。生前の本島さんへの神様のプレゼントと思いたい。冒頭の本島さんの言葉は、次の発言の一部である。「外国の文献や日本の歴史を見ても、私の軍隊生活を振り返っても、（昭和）天皇の戦争責任はあると思います。」本島さん、どうぞ、安らかに。

長崎・大浦天主堂での信徒発見から150周年

２０１５年１月号

２０１５年は、長崎の「信徒発見」から１５０周年の節目の年である。幕末の長崎・大浦天主堂で起きた、潜伏キリシタンと宣教師の出会いは、世界を驚かせた。

１８６５年3月17日、完成したばかりのフランス寺を見物に出かけた浦上の婦人たちは、フランス人宣教師、プチジャン神父と劇的な出会いをする。きっかけは「サンタマリアのご像はどこ?」という問いだった。聖母子像の下に案内された婦人たちは口々に言った。「ほんとうにサンタマリア様だ。御子ゼズス様を抱いていらっしゃる」。グループの代表格、杉本ゆりがプチジャン神父に打ち明ける。「ここにおります私たちは、皆貴方様と同じ心でございます」。

この日の出来事をプチジャン神父は、3月18日付の手紙で、パリ外国宣教会日本管区長、横浜にいたジラール神父に報告している。フランス語の手紙の中に、一箇所だけ日本語で記されている。「Santa Maria no go-zo wa doko ?」プチジャン神父にとって、忘れられない言葉だったのだろう。

浦上に帰った婦人たちは、フランス寺での出来事を語り伝えた。厳しいキリシタン禁制のなか、浦上キリシタンたちは、役人に見付からぬようひそかに大浦のフランス寺を訪ねて、神父の指導を求めた。浦上では、大浦から神父を迎えて秘跡を受けるために、四つの秘密教会堂を造った。平野の聖フランシスコ・ザベリオ堂、馬場のサンタ・クララ堂、辻の聖ヨゼフ堂、平の聖マリア堂である。大浦の神父たちは、夜ひそかに、これらの教会堂を訪れて、信徒たちに秘跡を授けた。キリシタン史研究家、片岡弥吉氏（故人）の著作に、ロカイン神父の回顧談が次のように紹介されている。

「夜、人が寝静まってから、日本の着物を着て、ちょんまげのかつらをかぶり、わらじをはいて角帯をしめ、手拭いを頬かぶりすると日本人に化けてしまう。中野の徳三郎や本原の敬三郎という二人の青年がちょうちんを持ち、ミサの道具を背にして案内してくれる。浦上に着くと、どの家からもバラバラと人が出て来て十字架のしるしをし、祝福を求める。真夜中にミサをささげ、夜の明けないうちに告白の秘跡など授け終わって天主堂に帰る。病人見舞いも夜ばかり、昼間は決

して出歩かない」（「長崎のキリシタン」より）

浦上に最後の弾圧、「四番崩れ」が起き、住民３０００人余りが総流罪となり、20藩に送られるのは信徒発見から3年後の１８６８年から70年にかけてである。大浦天主堂の信徒発見に立ち会った婦人、杉本ゆり、も娘みと、と共に福山に流されている。ゆりは58歳だった。

日本を愛し続けたヨゼフ・ピタウ大司教を偲ぶ

2015年2月号

２０１４年のクリスマスの翌日、12月26日にイエズス会のヨゼフ・ピタウ大司教が逝去した。この訃報は、12月29日の朝刊に掲載されていた。ピタウ大司教のついの住み家は、東京・練馬区上石神井のイエズス会の高齢者施設「ロヨラ・ハウス」だった。ピタウ大司教は、かつて上智大学学長、イエズス会日本管区長、イエズス会総長顧問、といった要職を務めた。最後の大きな役職は、バチカン教皇庁の教育省次官、いわば、文部副大臣だった。ピタウ神父を教皇庁に抜擢されたのは、今や聖人となられたヨハネ・パウロ二世教皇である。

教皇とピタウ神父との出会いは、いつだったのだろうか。私の勝手な想像では、ヨハネ・パウロ二世が初めて、日本を訪問された折ではなかったか、と思っている。１９８1年2月23日、ヨハネ・パウロ二世は東京に第一歩を印された。25日朝、教皇は、思いがけない行動に出られた。公式日程には、まったく予定されていなかった上智大学を突然訪問されたのである。

教皇の宿泊先のバチカン大使館と上智大学は、同じ千代田区にあり、車なら数分で行ける距離である。2月25日朝7時過ぎ、教皇は四ツ谷駅近くの上智大学を訪れ、大学職員やイエズス会員に親しく接見された。そのときの案内役は、学長のピタウ神父である。あいさつに立ったピタウ学長は、こんな歓迎の言葉を述べている。「主の名において来たりたもうおかたは祝福されんことを」。教皇は、8時25分に羽田空港から広島に移動することになっていたから、上智大学滞在は、わずかだった。短時間の接触であっても、教皇とピタウ学長との間には、強い絆が生まれたのではないだろうか。

ヨハネ・パウロ二世の訪日から17年後の1998年、ピタウ神父はバチカンに招聘された。同時に大司教に任命された。全世界のカトリック教育のリーダーとして6年間活躍した。

上智大学で、ピタウ学長が映画監督の黒沢明氏に、イタリアの小さな映画賞（トロフィー）を差し上げたことがあった。大げさな授賞式ではなく、ごく内輪の会だった。ピタウ学長のほかは、カリー副学長、教授のデ・ベラ神父らが同席した。ピタウ学長は黒沢映画に詳しく、監督と親しく語り合っていた。

２００４年、ピタウ大司教は６年間のバチカン勤務を終えて、日本に戻って来た。神奈川県の大船教会で協力司祭として働き、２００５年からは上智大学内のイエズス会修道院で、司牧活動にあたった。２０１１年から静養生活を送っていた。イタリア・サルデーニャ島に生まれ、23歳で来日。86歳まで、ほとんど日本のために働いた生涯であった。

「日本之聖母」に迎えられたコルベ神父一行

2015年3月号

信徒発見の舞台となった長崎・大浦天主堂は、創建150年を迎えた。日本のカトリック最古の木造建築である。天主堂は150年間の歴史の中で、幾多の参詣人を迎え入れたが、その一人に聖人となったコルベ神父がいる。コルベ神父は昭和初期に6年間長崎に滞在した。

神父と大浦天主堂の縁は深い。1930（昭和5）年4月24日。上海から長崎丸でやって来た神父とゼノ、ヒラリオ両修道士の3人は、松枝埠頭に上陸すると、真っ先に大浦天主堂に向かった。そこに、長崎教区長、早坂久之助司教がおられたからである。

大浦天主堂の正面の石段を上って行くと、白亜のマリア像がある。台座に「日本之聖母」と刻まれている。マリア像を見上げたコルベ神父は、二人の弟子の修道士にこう話した。「ごらんなさい。聖母マリアが私たちを迎えてくださった。この地の布教は、きっとうまくいくでしょう」。

コルベ神父は、日本での布教の許可を得るべく、天主堂右手にあるレンガ造りの司教館を訪ねた。しかし早坂司教は関西地方に出かけていて、面会は叶わなかった。それでも、留守を預かる親切な松川神父の「しばらく、ここでお待ちなさい」との言葉に甘えて、旅装を解いた。居候すること、約一週間。早坂司教は出張先から帰って来た。見知らぬ外国人修道士一行に、司教は戸惑ったかもしれない。コルベ神父はさっそく、早坂司教に、長崎で布教のための雑誌を出版する許可を願った。それに対して、早坂司教は、出版許可を与える代わりに、神学校の哲学教師を引き受けてくれるよう、コルベ神父に頼んだ。早坂司教の、さきの出張目的は哲学教師を探すことだったらしい。こうして、コルベ神父は、長崎教区神学生に哲学を教えることになった。天主堂の隣にいまも「羅典神学校」の建物が残っている。当時の教え子の中から、中島万里、岩永四郎、中田藤太郎といった、そうそうたる司祭が生まれた。

コルベ神父は、長崎上陸から翌年5月初めまで、大浦天主堂下の仮修道院に住んだ。空家になっていた雨森病院の建物を借りた。現在、そこは土産物店の並ぶ坂道の中ほどの右手に少し入った所である。コルベ神父時代の名残りとして、レンガ造りの暖炉が保存されている。作家の遠藤周作氏は生前「ここには、もっと多くの人が訪れたほうが良い」と言っていた。

コルベ神父は、神学生たちに哲学を教える合間に、たびたび天主堂で祈っていた、と教え子たちは証言している。信徒発見の聖母子像の下で、熱い祈りをささげていたのだろう。

福者候補、エリザベト北原怜子さんのこと

2015年4月号

「蟻の町のマリア」北原怜子さん、尊者に、という大きな見出しが、今年2月1日号のカトリック新聞に載った。記事は、教皇フランシスコが1月22日に列聖省長官のアンジェロ・アマート枢機卿を接見し、エリザベト北原怜子さんを「尊者」にする省令発布を認可された、と伝えた。「尊者」とは、「聖人」、「福者」に次ぐ、称号。先の記事は、北原怜子さんが、「福者」に一歩近づいた、というビッグニュースなのである。本来なら、日本のカトリック教会の大ニュースとして、報道されてもおかしくない喜ばしい知らせと言って良い。

それは、なぜか。現在、日本人で、しかも女性で、カトリックの福者候補として調査が行われている人はいない。過去に、女性の福者はいる。キリシタン時代に殉教した方々だ。

北原怜子さんは、殉教者ではない初の女性福者になる可能性が高い。日本人女性として、ただ一人、バチカンで列福調査が行われていると思えば、北原怜子さ

んの存在は大きい。

北原怜子さんの列福調査申請書は1983年、当時の東京教区長・白柳誠一大司教によって、バチカンに提出された。それに先立つ1975年から、コンベンツアル聖フランシスコ修道会のボン・マルコ総長の指令を受けたイタリア人司祭が日本に派遣され、北原怜子さんの生涯の詳しい調査を進めていた。延べ100人にも及ぶ関係者のインタビューや、北原さんの資料が膨大な文書にまとめられた。世界中から寄せられる数多くの「列福申請書」とともに、北原怜子さんの書類も列聖省の審査を受けてきた。約40年の時を経て、このほど、ようやく順番が回ってきて、教皇様の目にとまり、「尊者」と認定されたと思われる。

北原怜子さんは1929(昭和4)年8月22日、東京・杉並区に生まれている。20歳の時、カトリックの洗礼を受け、東京・浅草にあった「蟻の町」と呼ばれた廃品回収を生業とする人たちの共同体に加わった。はじめは、自宅から通いながらの奉仕活動だったが、やがて住み込みで働いた。過労もたたって、肺結核にかかり、1958年1月23日、貧しい「蟻の町」の病室で帰らぬ人となった。28歳だった。まだ、ボランティアの言葉がなかった時代、無私の奉仕活動をしていた北原さんは、生前、「蟻の町のマリア」と呼ばれた。死後1年もたたないうちに松竹映画「蟻の町のマリア」が封切られ、全国で上映された。いかに北原さんの生涯が人々の心を捕えたかを示す証拠だろう。

高山右近の「列福」を待つと同時に、北原怜子さんにも注目してほしい。

パウロ永井隆博士の言葉を思い起こそう

２０１５年５月号

５月１日は、パウロ永井隆の命日である。あの有名な長崎の永井博士は、聖母月の５月を待つかのように、１９５１（昭和26）年５月１日に神に召された。博士の死から64年になる。

いまほど、永井博士の思いを新たにする時はない。博士はかつて、著書にこう記した。「理屈はなんとでもつき、世論はどちらへでもなびくものである。日本をめぐる国際情勢次第では、日本人の中から、憲法を改めて戦争放棄の条項を削れ、と叫ぶ声がでないとも限らない。そして、その叫びがいかにももっともらしい理屈をつけて、世論を日本再武装に引きつけられるかもしれない。」と書く。続いて、二人の子どもに向かって言う。「誠一（まこと）よ、茅乃（かやの）、たとい最後の二人になっても、どんなののしりや暴力を受けても、きっぱり『戦争絶対反対』を叫び続け、叫びとおしておくれ！　たとい卑怯者とさげすまれ、裏切り者とたたかれても、『戦争絶対反対』の叫びを守っておくれ！」（『いとし子よ』１９４９年、講

談社より）

永井博士の危惧は現実のものになってきた。「日本人の中から、憲法を改めて戦争放棄の条項を削れ、と叫ぶ声がでないとも限らない」という一節の通り、現政権は着々と、憲法改正への準備を始めている。すでに、集団的自衛権の行使を決めた。これによって、次の憲法の条項は破棄されることになる。「国権の発動たる戦争と、武力による威嚇または武力の行使は、国際紛争を解決する手段としては、永久にこれを放棄する」（第9条）。

永井博士が一貫して、病床から訴えたのは、世界平和だった。「戦争はこりごり」と言い続け、折に触れて、戦争の愚かさと平和の尊さを呼びかけた。博士の遺志を継ぐべき、誠一さん、茅乃さんは、残念ながら、すでにこの世にいない。誠一さんは、2001年4月4日に、茅乃さんは2008年2月2日に天に召された。不思議にも、お二人とも、同じ66歳で人生を全うしている。永井隆博士の遺児なき今、その遺志を受け継ぐのは、私たちをおいて他にはいない。「日本国憲法9条廃止絶対反対」「平和憲法を守れ」「核兵器を廃絶せよ」の声を上げていきたい。永井博士が言うように、周囲からいくら反対されても、少数派であっても、「戦争は絶対ダメ」と叫び続けよう。なお、永井隆夫妻のお墓は、長崎市の坂本国際墓地にある。

忍耐の手本を示した従兄弟の旅立ち

2015年6月号

従兄弟（父の妹の長男）が茨木市に住んでいた。その従兄弟の病状が重い、と聞いて、さっそく病院を訪れた。4月14日である。病油の秘跡の用意をして行った。病院は、済生会吹田病院。6階の病室に向かうと、従兄弟はベッドに寝たまま、ナースステーション横の部屋に運ばれていた。あらかじめ、従兄弟の妻、郁子さんに「最期の儀式」をしたい、と伝えてあった。郁子夫人は看護師と相談して、病室とは違う部屋に夫を移動させてもらったようだ。狭い部屋で、従兄弟の徹さんに「これから病油の秘跡を授けますよ」と声をかけると、「お願いします」とうなずいた。同じ日、徹さんの母親、片岡操子さんも危篤状態にあったが、昼前、息を引き取ったという知らせを受けた。母親の葬儀に出られる体力のない徹さんは、さぞ無念だったろう。

徹さんの体力は徐々に衰えていた。もう長くないと思って、毎日、病院に通うことにした。仁川教会から吹田の病院まで、徒歩も含めてちょうど一時間。阪急電車で行った。甲東園から西宮北口、西宮北口から十三、十三から相川と乗り継いで下車。相川駅西口から出て、まっすぐ進み、橋を渡って右へ川沿いに歩くと約10分で病院に着く。4月17日から亡くなる5月2日まで、毎日、徹さんの病床を訪れた。たいてい郁子夫人が付き添っていた。何日間かは、金沢に嫁いだ長女が2歳の女の子を連れて来て、枕もとで徹さんを励ました。徹さんは、このころ、食べ物は何も口にできなかった。一度、ご聖体の小片を舌の上に載せてみたが、なかなか溶けなかった。かろうじて、氷を食べることが出来た。病院のコンビニに砕いた氷の入ったアイスコーヒーがあった。かすかなコーヒー味の小さな氷を口に入れると、徹さんはガリガリと音を立てて噛んだ。それが私に出来る徹さんへの唯一のサービスだった。5月2日朝、徹さんは長男と長女に看取られて神に召された。

通夜、葬儀ミサともに、カトリック茨木教会で営まれた。茨木教会の信者、徹さんが参加していた市民合唱団のメンバーが大勢参列した。聖堂いっぱいの祈りに包まれて、徹さんは永遠の旅に出た。いよいよ出棺というとき、茨木市民合唱団が棺を囲んで、別れの曲を歌った。見事なハーモニーだった。傍らの郁子夫人は目頭を押さえて泣いていた。感動的な場面だった。人生の締めくくりに、従兄弟、片岡徹さんは多くの友人を教会に招いて、キリスト者としての証しをした。

モーニングサービスの味は格別

2015年7月号

毎月、月末に大阪拘置所を訪れる。ヨゼフ山野静二郎さんと面会するためである。死刑囚との面会はきびしく制限されている。面会できるのは、親、配偶者、子どもなどの近親者か裁判の担当弁護士である。そのほか、拘置所長の特別許可を受けた人が面会できる。私は、面会許可を得た一人である。面会は、一日一回と決められている。午前中に面会した日は、午後の面会は許されない。だから、山野さんとの面会は、他の人との面会と重ならないようにしなければならない。

弁護士や奥様との面会がある日は、避けなければならない。事前に山野さんに手紙で問い合わせて、確実に面会できる日を決めてもらう。こちらの要望で、できるだけ午前中にお願いしている。なぜなら、午後になると面会人が多く、面会の順番待ちが長くなるからである。

当日は、朝食抜きで午前7時ころ教会を出発。阪急梅田駅からJR環状線に乗り継ぎ、桜ノ宮駅で下車。西口から出て、大川を左手に見て歩くこと約15分。大阪拘置所に着く。面会受付は8時10分から。受付では携帯電話、録音機、写真機などをロッカーに保管させられる。次に金属探知機を通り、入念なボディーチェックを受ける。これで、ようやく拘置所内に入れる。初めに面会申込書を提出。住所、名前、職業、面会目的などを記入する。続いて、差し入れ窓口へ。毎回、山野さんに差し上げる読み物を持って行く。たいてい新聞3日分と雑誌3点を差し入れる。新聞は、神戸新聞か毎日新聞。雑誌は「文藝春秋」、「サンデー毎日」など。8時40分面会開始。面会室は小さな部屋が15室ほど並んでいる。一部屋ごとに番号がふってある。ほどなくして「・○○番の方、○○号室へ」と男性の力強いアナウンスが流れる。受付でもらった札の番号順に呼ばれる。面会には刑務官が付き添って来る。面会時間は原則として10分間だが、付き添い係官の裁量で大目に見てもらえる。山野さんとの話題は、季節のあいさつから始まって、時事、再審、政治、信仰など、さまざま。最後は、私が祝福の祈りを唱えて面会を終える。

帰りは、行きとは逆に、川を右手に見ながら桜ノ宮駅へ。途中に「大阪市水道発祥之地」という石碑が建っている。桜ノ宮駅手前に大衆的な喫茶店「ミル」がある。ここでモーニングサービスをいただく。トースト、茹で玉子、ミニサラダ、コーヒーで330円。これも月一回の山野さんとの面会の楽しみである。

「長崎の鐘」を鳴らし続けた山田市太郎さん

2015年8月号

永井隆博士が書いた本に「長崎の鐘」がある。藤山一郎さんが歌った「長崎の鐘」もある。この長崎の鐘は、一体どの鐘を指すのだろうか。おそらく、長崎原爆で倒壊した浦上天主堂の鐘と思って間違いないと思う。その長崎の鐘を、終戦後43年にもわたって鳴らし続けた人がいた。名前は山田市太郎、愛称はいっちゃん。

1945（昭和20）年8月9日、原爆が長崎・浦上に落ちた日、山田さんは、長崎の東、約5キロの矢上にいた。兵隊に召集されて6ヶ月目だった。自宅は原爆が落とされた浦上にあった。山田さんが長崎で見た惨状は一面の焼け野原だった。家は跡かたもなく、妻子たち6人は全員爆死だった。山田さん40歳のときだ。

家族も財産もすべてを失った山田さんに残された仕事は、まず、全壊した浦上天主堂の再建だった。まだ元気だった永井博士らとともに、復興に汗を流した。

勤務先の三菱重工を辞めて、教会活動に専念する。「人、全世界を儲くとも、その魂を失わば、何の益かあらん」との聖書の言葉が支えになった。

浦上天主堂は爆心地からわずか500メートル。東洋一を誇ったロマネスク様式の聖堂は爆風で崩壊した。被爆の瞬間、聖堂内にいた2人の司祭と信徒24人が犠牲となった。8月15日、聖母被昇天祭前のゆるしの秘跡が行われていた。原爆から数日後、教会にたどり着いた山田さんは、廃墟のがれきの中から鐘を見つけて、掘り起こした。

山田さんは、後にこう話している。「私が初めて鐘を鳴らしたのは、忘れもしない昭和20年の12月24日、クリスマスイブ。見渡す限りの原子野に浦上教会の鐘の音が響き渡りました。すると、10分もしないうちに着のみ着のままの信者さんたちが、続々教会の坂を上って来ました。皆涙を流しながらお祈りをささげていた光景ははっきり思い出します」

このときから、山田さんは、鐘の「鳴らし役」を引き受けた。毎朝4時前に起き、歩いて天主堂に行き、5時半、ミサを知らせる鐘を鳴らした。「天から授けられた仕事」と受け止め、43年間鳴らし続けた。

山田さんが、鐘鳴らしを引退したのは、1988（昭和63）年12月。浦上天主堂の鐘が手動から機械操作に切り替わったときだ。1995年、山田さんは89歳でこの世を去った。

もうすぐ長崎原爆記念日。8月9日夜9時5分から55分まで、NHKラジオ第1で、「響け、長崎の鐘」が放送される。この番組の主人公は山田市太郎さんである。

カトリック写真家、フランシスコ菅井日人さんの帰天　2015年9月号

菅井日人さんは、数少ないカトリックの写真家だった。世界中を旅して、多くの巡礼地の写真を撮っていた。この菅井さんとは、36年前の1979年の夏、一緒にイタリア巡礼に行き、初めてアシジを訪問した。このとき、菅井さんは、アシジの魅力に取りつかれた。翌1980年の春、菅井さんは二ヶ月間、アシジに泊まり込んで、写真を撮った。そのときの作品は、聖フランシスコ生誕800年記念の写真集「聖フランシスコはいま」となって、実を結んだ。

写真集には白柳東京大司教が序文を寄せている。「今の物質的には豊かな、しかし迷える日本が正しい道を進んでいくためには、もう一度フランシスコの精神を考え直さなくてはならないと思います。これを映像をもって示された著者のご努力に、心から敬意をはらいます」。菅井さんは、太陽の歌と平和の祈りを思い浮かべながら、聖フランシスコの足跡をたどった。「私の写真を通して、いくらかでも聖フランシスコの清貧、愛と平和が私たちの心に問いかけてくれるよう祈

りつつ……」と記している。

海外や日本の各地を撮影に廻っていた菅井さんが、突然、脳梗塞に襲われたのは2005年4月だった。一命は取り留めたが、それからは車椅子生活を余儀なくされた。右手に麻痺が残り、左手だけしか使えなくなった。障害者となった菅井さんを支えたのは、パートナーの明子夫人である。食事の介助から旅行まで、生活全般に菅井さんは明子夫人の手を借りなければならなくなった。菅井さんは不自由な身になっても、写真の活動を止めなかった。全国を回る写真展を開いたこともある。

大阪・梅田のキャノンギャラリーで、筆者は二度、菅井さん夫妻に会った。日人さんは食事のとき、食材を細かく切ってもらってスプーンで食べていた。そばには、いつも明子さんがいた。最良の伴侶を得た菅井さんは幸せだった。菅井日人さんと明子さんは、ともに日本大学芸術学部の出身。日人さんは映画科、明子さんは写真科を卒業した。

5月30日未明、菅井日人さんが突然、天に召された。東京・世田谷の赤堤教会で営まれた通夜で、あいさつに立った明子さんは、「日人さんは立派に生きました。皆さん、どうぞ日人さんに拍手してください」と述べた。聖堂いっぱいの人たちは大きな拍手を贈った。通夜の席での異例の拍手に皆、感激した。ところが、菅井日人さんを通夜で見送ってからわずか50日後、7月18日に明子さんも永遠の眠りについた。神様は愛する菅井夫妻を同時に天国まで導かれたのだろう。

アヴィラの聖テレジア生誕500周年

2015年10月号

10月には、二人の聖テレジアの記念日がある。一人は1日に記念されるフランス・リジューの聖テレジア（1873～1897）、もう一人は15日に記念されるスペイン・アヴィラの聖テレジア（1515～1582）である。二人を区別するために、リジューのテレジアを小テレジア、アヴィラのテレジアを大テレジアとも呼んでいる。二人ともカルメル修道会の修道女である。

今年は、大テレジア、アヴィラの聖テレジアの生誕500年の記念の年に当たる。聖女の誕生日の3月28日、教皇フランシスコはバチカンの聖マルタの家で聖テレジアの記念ミサをささげられた。このとき、カルメル会員の祈りに合わせて、次のように祈られた。「神の愛が人類を苦しめる戦争の火と暴力に打ち勝ち、武力が衝突する場所で対話が優先されますように。聖テレジアよ、わたしたちの祈りを取り次いでください」

テレジアがアヴィラのカルメル会に入会したのは19歳のときと言われる。幼少のときから信仰熱心だったテレジアは、修道院に入って期待外れだったようだ。修道生活の厳しさが失われ、規律が緩やかに成り過ぎていた。しかし、テレジアは深い黙想と瞑想に没頭した。その結果、我を忘れて脱魂状態になることもしばしばあった。神秘体験を記録に残すようになった。聖テレジアの恍惚となった姿は、有名な彫刻作品になっている。ローマのサンタ・マリア・デッラ・ヴィットリア教会堂に、「聖テレジアの法悦」という彫刻の傑作がある。ジャン・ロレンツォ・ベッリーニが大理石に刻んだ聖テレジア像である。天使が剣で聖テレジアのハートを刺そうとする場面を表現している。聖テレジアの聖徳がイタリアの有名彫刻家を動かすほどの存在になっていた証拠だろう。

１５６２年、テレジアは47歳のとき、初めての改革修道院「聖ヨゼフ修道院」を創立した。ところが、改革に反対する会員から訴えられ、裁判にかけられる。しかし、テレジアの主張が認められ、テレジアのカルメル会改革運動は実を結ぶことになる。67歳で亡くなるまでの20年間に、スペイン各地に17の修道院を建てたと言われる。聖テレジアの流れを汲む修道院は西宮市にもある。しかも、私たちの仁川教会と同じ町、段上町にあるのは、ありがたい。朝に夕に、段上町のカルメル会修道院では、全世界の人々のために祈りがささげられている。私たちも、聖テレジアの取り次ぎを祈ろう。アヴィラの聖テレジア生誕５００周年、おめでとうございます。

拷問に耐え、すべてを赦したメルシエ神父

2015年11月号

アルフレド・メルシエ神父様のことを知っていますか。阪神地区に住むカトリック者としてぜひ、記憶にとどめておきたい神父様です。今年は、戦後70年、平和への思いを新たにする年です。戦争で苦しまれた宣教師がいたことを、改めて思い起こしましょう。

メルシエ神父様は1905年2月、フランスに生まれました。1930年6月、司祭に叙階され、同年、日本に派遣されました。日本語の勉強の後、いくつかの教会で働き、1935年、神戸・住吉教会の創設にかかわりました。1937年、夙川教会に転任になりました。時代は日中戦争のさなかでした。やがて、太平洋戦争が始まり、教会活動も大幅に制限されるようになりました。特に、外国人宣教師に対しては、官憲による厳しい監視の目が注がれました。メルシエ神父様が特高警察に突然逮捕されたのは1945年5月7日の朝。解放されたのは終戦の翌日の8月16日。実に101日間も尼崎の警察施設に拘留されたのです。拷問に

近い取り調べが続いたといいます。

戦争が終わって平和になった1950年代に、メルシエ神父様を近くで見ていた少女がいました。当時、カトリック三田教会に通っていた千足信子さんです。信子さんはメルシエ神父様の思い出をこう話します。「神父様は木の靴を履いて、歩きながら教会の庭を行ったり来たりして聖務日課の祈りを唱えていました。休みの日には、私たちとドミノをして遊びました。三田の結核療養所を訪問して、患者たちに公教要理（カトリックの教え）を教えていました。父は、療養中に神父様から洗礼を授かりました。祖父母は信者ではありませんでしたが、メルシエ神父様をとても尊敬していました」。神父様は1977年、神戸・下山手教会で帰天されました。

メルシエ神父様は、戦時中の特高警察による酷い拷問の日々を、決して口外しませんでした。特高を悪く言うことも、恨みを口にすることもなかった、と後輩のペンケレシ神父様は振り返っています。ペンケレシ神父様は、かつて三田教会で2年ほど、メルシエ神父様と生活を共にしたことがあります。

終戦直後、メルシエ神父様は、上長に当たるパリミッション会総長の勧めを受け、戦時中の拘束の模様を記録に残しました。しかし、神父様と関係者が生存中は、日本語の翻訳は禁じられていました。数年前、ようやく、神父様の手記が公になりました。このほど、一冊の冊子になりました。「メルシエ神父 逮捕拘留と解放についての報告書」です。ぜひ、お読みください。

いつくしみの特別聖年

２０１５年12月号

いよいよ来る12月8日から「いつくしみの特別聖年」が始まります。聖年は、教皇によって定められます。教皇フランシスコは、今年3月13日、「２０１５年12月8日から２０１６年11月20日までを、いつくしみの特別聖年とします」と発表されました。近年の聖年と言えば、パウロ6世教皇時代の１９７５年、ヨハネ・パウロ2世時代の２０００年があります。今回は、区切りの年以外の「特別な」聖年です。「いつくしみの聖年」と聞いてもピンとこない方がいるかもしれません。そもそも「いつくしみ」とは、どんな意味でしょうか。この言葉の原語は何でしょうか。英語では「MERCY」、イタリア語では「MISERICORDIA」です。フランス語、スペイン語、ポルトガル語もイタリア語と同じ意味の言葉が使われています。MERCYもMISERICORDIAも日本語では「いつくしみ」と訳されています。

「いつくしむ」を辞書で引くと、可愛がる、大切にする、と出てきます。

「御父のように、いつくしみ深い者になりなさい」（ルカ6・36）。これが聖年のモットーです。神様のいつくしみを深く心に留め、それにならって、隣人にいつくしみの業を行いなさい、と教皇は呼びかけておられます。

２０００年から、復活の主日の次の日曜日は「神のいつくしみの主日」と呼ばれるようになりました。ヨハネ・パウロ2世教皇は２０００年4月30日、ポーランド人修道女、ファウスティーナ・コヴァルスカ（１９０５〜１９３８）を聖人の列に加えました。この修道女こそ、「神のいつくしみ」に深くかかわった人です。シスター・ファウスティーナは、１９０５年貧しい農家に生まれ、20歳であわれみの聖母修道会に入りました。そこで、主イエスから、次のようなメッセージを託されました。「苦難に満ちている人類に、わたしのいつくしみ深い心によりすがるように言いなさい。そうすれば、わたしは彼らを平和で満たします」（日記１０７４）。

シスター・ファウスティーナは33歳の若さで亡くなりました。しかし、死後、シスターの評判は急速に高まり、「神のいつくしみへの信心」が世界に広がりました。

教皇フランシスコが「いつくしみの特別聖年」を定められたのは、シスター・ファウスティーナに託された神のお望みに応えるためではないでしょうか。神のいつくしみを感じ、それを他の人々に分かち与えることが求められます。この聖年に、私たちは何をすべきでしょうか。人を裁かず、赦し、与えること。社会で疎外されている弱い人に心を開き、精神的、物質的ないつくしみの業を行いましょう。犯罪組織、汚職の中にいる人々の回心をいつくしみの聖母マリア、聖ファウスティーナの取り次ぎによって、祈りましょう。

北原怜子さんの取り次ぎを祈りましょう

２０１６年１月号

1月23日は何の日?と聞かれたら、何と答えますか。答えの一つは、蟻の町のマリア、北原怜子さんの命日です。北原さんは１９５８年、昭和33年1月23日に亡くなられました。場所は、東京・浅草にあった「蟻の町」の貧しい病室です。昭和33年と言えば、立教大学を卒業した長島茂雄さんが、プロ野球の読売ジャイアンツに入団した年に当たります。あれから58年の歳月が流れています。蟻の町のことも、北原怜子さんのことも、ほとんど忘れられています。

しかし、北原怜子さんは、毎年、命日には思い出してほしい人です。カトリック信徒にとっては、忘れられない人だからです。それは、信徒の模範としてバチカン教皇庁が認定しているからです。

北原怜子さんは、聖人に次ぐ福者候補として、日本人で、しかも女性でただ一人、現在調査を受けている人です。高山右近が「福者」に挙げられるのが近いと言われますが、北原怜子さんも、それに続く可能性が高いのです。北原さんは、私たちにより近い人です。昭和4年生まれの現代人です。それに、殉教で血を流したことのない、信仰の自由な時代を生きた人です。さらに、北原さんは、蟻の町の人々とともに、廃品を回収して生計を立てるというリサイクル運動のはしり、を生きた人。まさに現代の環境保護、エコロジーに通じます。このような身近な人が聖人になる、ということは私たちにとって、大きな励みになるのではないでしょうか。

東京の浅草にあった「蟻の町」は、東京都から立ち退きを迫られました。そんな2500万円が必要と通告されたとき、蟻の町の人たちは落胆しました。そんな大金は蟻の町にはありませんでした。そのとき、ただ一人、病床の北原怜子さんは冷静でした。「祈りましょう」と呼びかけ、蟻の町の移転のために祈り始めたのです。寝ていても見えるように、病室の板壁に「2千5百万円」と墨書して画鋲で貼り付けました。北原さんの祈りは、見事に実を結びました。当時の東京教区長、土井枢機卿を動かしました。ドイツ・ケルン教区から贈られた献金が、蟻の町の移転費用に充てられました。東京都も、減額して協力しました。

北原さんは、蟻の町の浅草から江東区への引っ越しが決まったことを知らされて間もなく、息を引き取りました。享年28。北原さんは、いつも神に信頼する祈りの人でした。ロザリオを手にした写真が何枚も残っています。

高山右近の「列福」を教皇フランシスコが承認

2016年2月号

1月22日夜、仁川教会信徒の一人から携帯メールを受信した。それは、高山右近の「列福」を伝える時事通信社の記事の転送である。

バチカン（ローマ法王庁）は22日、江戸幕府のキリスト教の禁教令で国外追放されたキリシタン大名・高山右近（1552〜1615年）を最高の崇敬対象となる「聖人」に次ぐ「福者」に認定したと発表した。フランシスコ・ローマ法王が21日に承認した。福者に加える儀式「列福式」は日本で行われる見通し。右近は現在の大阪府で生まれ、父の影響で12歳で洗礼を受けた。豊臣秀吉のバテレン追放令で領地や地位を失っても信仰を守り、1614年にマニラに追放され、翌年病死した。昨年は没後400年の節目で、日本のカトリック教会が右近を殉教者として福者に認定するようバチカンに働き掛けていた。日本カトリック司教団は声明を出し、右近は物質的な豊かさや権力ではなく、信仰が人を幸せにすると確信していたと指摘。「右近の生き方は現代に生きる人々を照らす光になる」と訴えた。福者になるには殉教か、難病の治癒など「奇跡」が一つ認定されることが必要。２００７年には江戸幕府の弾圧で殉教したペトロ岐部ら日本人カトリック教徒１８８人が福者に決まり、08年に長崎市で列福式が行われた。

待ちに待った、高山右近の「列福」決定である。この知らせを私たちは長い間待ち望んでいた。今年は、教皇の呼びかけによる「いつくしみの特別聖年」。その聖年が始まったばかりの1月、日本のカトリック教会に贈られた教皇フランシスコからのプレゼント、お年玉である。

ユスト高山右近は、４００年前の人である。しかし、その生き方は、現代人にも通じる素晴らしいものだ。過ぎゆくこの世の栄誉や財産よりも、永遠に朽ちない命を大切にした。

右近は、大阪府能登町に生まれ、12歳のとき、父親とともに奈良で洗礼を受けた。父親のダリオをキリスト教に導いたのはイエズス会宣教師だった。その一人は、長崎・平戸出身の盲目の琵琶法師、ロレンソ了齊である。教皇フランシスコもイエズス会士だ。はるか昔、東洋のはてで高山右近に洗礼を授けた、イエズス会の先達に思いを馳せたかもしれない。高山右近の晴れの「列福式」は、大阪で挙行されるのは確実である。水面下では会場探しも始まっている。京セラドームも、候補に挙がっている。教皇フランシスコが来日されれば、右近株はさらに上がるだろう。

長崎の教会群の世界遺産登録先送りに思う

2016年3月号

長崎の教会群が世界遺産に推薦されるのが延期されることになった。昨年の雰囲気では、2016年こそは、長崎の教会群の世界遺産決定か、と期待されたが、先延ばしになるようだ。残念ながら、高山右近の列福と長崎の教会群の世界遺産、というダブル祝賀はなくなった。それでも、失望することはない。2018年以降の推薦は確実だから、長崎の教会群の世界遺産への登録を期待したい。

昔のことを思えば、日本のカトリック教会関連の建物や遺跡が、政府によって、世界遺産に推薦されるのは、夢のような話だ。徳川時代から明治時代まで、250年以上にわたって日本のキリスト教は禁じられ、激しい弾圧を受けてきた。つい150年前までは、政府はキリスト教を迫害していた。それが一転して、キリスト教の価値を認め、世界に誇れる遺産にしようとしているのだから驚きだ。

長崎に行くといたる所に、カトリック教会の写真が目に着く。観光客が集まりそうな駅やホテル、バスターミナルなどには、教会満載の豪華なパンフレットがあふれている。空港や長崎駅には大型のポスターが、「長崎の教会群を世界遺産に」とアピールしている。公共の自治体ならではの宣伝、ＰＲ活動である。大小の旅行代理店も「長崎巡礼」をうたったツアーを組んで、参加者を募集している。こうした宣伝活動は、日本のカトリック教会が真似のできない大がかりなものだ。

長崎の教会群が世界遺産になれば、おそらく全国から多くの観光客が押し寄せるだろう。カトリック教会にとっては、有難迷惑という声もある。しかし、カトリック教会が使命とする宣教活動に、公共団体が協力してくれている、と思えばありがたいことではないだろうか。世界遺産に推薦されている教会群は、いまも生きている。そこには現代に生きるカトリック信者の信仰が息づいている。日ごろ、カトリックとは縁のない生活を送っている全国の人々が長崎や五島列島を訪れる。そこで、観光客が生のカトリックに触れることが出来れば、教会にとっては大きなメリットになる。教会が笛を吹いても踊らない人々が、世界遺産となれば、惹き付けられる。

長崎の教会群の世界遺産への登録が先送りになったとしても、引き続きカトリック教会は本来の姿を見失うことなく、信徒一人ひとりの信仰生活を充実させることに集中すれば良いと思う。長崎の教会群は過去の遺物ではない。厳しい迫害を乗り越えた信仰の営みである。長崎や五島巡礼の参加者の中から真の信仰を見出す人が生まれることを期待したい。

ゼノ修道士が残したボランティア活動

2016年4月号

4月24日は、コルベ神父とともにゼノ・ゼブロフスキー修道士が長崎に上陸した日である。また、同じ4月24日は、ゼノ修道士が死去した日でもある。1930（昭和5）年に来日し、1982（昭和57）年に帰天したので、滞日生活はちょうど52年間であった。

ゼノ修道士の日本での生活は「貧しい人たちとともに」あった。戦争直後の混乱期に、ゼノ修道士は長崎と東京を汽車で往復する。その途中で出会ったのが戦災孤児だった。住む家も親もない、ボロボロの衣服をまとった子どもたちが駅にたむろしていた。ゼノさんは、その子たちを見捨てておけず、一人、二人と長崎の修道院に連れて行った。それが、後の養護施設・聖母の騎士園につながった。聖母の騎士園は、終戦後70年を経たいまも長崎県諫早市で子どもたちの世話を続けている。

ゼノさんの活動範囲は、徐々に広がって行った。生活に困っている人々、災害で苦しんでいる人たちを訪ねて、必要な日用品を届け、力づけていた。黒い古ぼけたカバンを提げ、日本中を旅していた。台風や豪雨、火事、地震、などの災害が起きると、いち早く現地に赴いた。被災者がすぐ必要な品物、パンやタオル、ローソクなどの寄付を集めて配布した。その熱心な奉仕活動が認められて、ゼノさんには国鉄（JRの前身）総裁から無料パスが提供された。無料区間は札幌・長崎と記されていた。当時の国鉄の寛大さが偲ばれる。ゼノさんの日本人に対する無私の行動が、国鉄幹部を動かしたのだろうか。無料パスは国鉄だけではなかった。阪急も阪神も、東京地下鉄も西武、東京都バスなどの私鉄パスも、ゼノさんは持っていた。もちろん、普通乗車券のみだが、ゼノさんは無料で列車を利用することができた。

広島県沼隈町に「ゼノ少年牧場」という、ゼノさんの名前のついた施設がある。牧場と言っても牛や馬を飼っているわけではない。障害者の福祉施設である。ゼノさんは、「毎日新聞」大津支局長だった村田一男さんを口説き落して、障害のある子どもたちの世話にあたらせた。1962（昭和37）年4月のことである。はじめは知的障害児施設だったが、いまでは子どもから大人まで共に暮らす大きな共同体に成長している。現在、同施設を運営する法人は70余の事業を抱え、職員は４６５人もいるという。

ゼノさんが逝って34年。ゼノさんが播いた種は日本で根付いている。まだボランティア運動がなかった時代、自ら模範を示したゼノさんの残した功績は大きい。もし、いまゼノさんが生きていたら、福島にいち早く駆けつけたに違いない。

仁川小教区初代主任司祭、ヤノ・コーザ神父

2016年5月号

西宮市仁川町の聖クララ修道会で産声を上げたカトリック仁川教会の新聖堂は、同市段上町に献堂されました。1952年5月11日のことです。そのとき、大阪教区からコンベンツアル聖フランシスコ修道会に、司牧活動が委ねられました。初代主任司祭に任命されたのは、ヤノ・コーザ神父でした。1938年、ポーランドから日本に派遣され、長崎・聖母の騎士修道院で働きました。献堂記念日にちなんで、仁川教会の基礎を築いたヤノ神父のことを紹介しましょう。筆者がヤノ神父と初めて出会ったのは、高校時代でした。ヤノ神父は仁川教会主任司祭を退き、長崎・聖母の騎士修道院に転任していました。日本語は流暢に話していました。私たち小神学生にラテン語を教えてくれました。1957年頃です。私たちの悪い生徒に対しても声を荒げることなく、丁寧な授業でした。出来

しかし、仁川教会の主任司祭時代は、かなり厳しかったようです。初期の教会委員を務めた越知昌夫（2012逝去）さんから、いくつか思い出を聴きました。

夜8時頃、会社から帰って寛いでいると、主任司祭から電話で呼び出しがよくかかったそうです。そんな時、幼い子どもたちは、「またぁ」と言って父親の顔を見上げました。こんなこともありました。教会には、時々、電車賃をくれ、と言って訪ねて来る男がいました。ヤノ神父は、すぐお金を渡さないで、越知さんに頼みました。「あなたが切符を買って、この人を梅田まで送って行ってくださ い」と。お金が電車賃以外に使われないように、越知さんに監視を頼んだのです。そんな主任司祭の要請にも、快く応じた越知さんも偉いと思います。

1965（昭和40）年頃から、ヤノ神父には新たな宣教活動が課せられました。長崎県の壱岐の島での生活です。ヤノ神父は港の近くに民家を借りて、英語教室を開き、キリスト教の宣教に努めました。いつの日か、島にカトリック教会を建てるのが夢だったようです。

貧しい生活を送りながら、コツコツと資金を貯めていました。壱岐では、1622年8月10日、海辺でイエズス会のアウグスチノ太田修道士が斬首により殉教した記録が残っています。ヤノ神父は、かつて殉教者を出した壱岐で、キリスト教の復活を願っていたのでしょう。ヤノ神父の最期は、あっけないものでした。1985（昭和60）年12月20日、風邪をこじらせて入院して、帰らぬ人となりました。たまたま、筆者は同じ修道院の食堂でヤノ神父と食事をともにしていた仲でした。神父は、年賀状を書いて出し、間近に迫った新年を迎えようとしていた矢先の突然の死でした。ヤノ神父の姿はいまも脳裏に焼き付いています。

パドヴァの聖アントニオを知っていますか

2016年6月号

北イタリアにパドヴァ（PADOVA）という都市がある。この街で「サント」（聖人）と呼ばれ、親しまれている人がいる。聖アントニオである。古代の隠修道士、聖アントニオと区別するために、一般にはパドヴァの聖アントニオと呼んでいる。パドヴァの人々の中には、復活祭に教会に行かなくても、聖アントニオの祝日には行く、という人たちもいると聞く。それだけ聖アントニオの人気は高い。聖人の記念日は6月13日。1231年6月13日に聖アントニオは亡くなっている。36歳の若さだった。小さき兄弟会と言われる、通称フランシスコ会の中で、アシジの聖フランシスコを除けば、聖ボナヴェントゥラと聖アントニオは二大聖人と言ってよい。聖アントニオは、イタリア人というイメージが強いが、実はリスボン生まれのポルトガル人なのである。若くして聖アウグスチノ修道会に入会し司祭になったころは、フェルナンドと呼ばれていた。

その若いアウグスチノ会員に強烈な刺激を与えたのが聖フランシスコの弟子た

ちのモロッコでの殉教だった。聖フランシスコが存命中、いちはやく5人の弟子たちがモロッコに派遣された。キリスト教を広めるためだった。しかし、モロッコは熱心なイスラム教徒の国。聖フランシスコの弟子たちは、イスラム教徒たちの手によって殺されてしまった。その殉教者たちの遺骸は、モロッコからイタリアへ運ばれる途中、ポルトガルのリスボンに寄った。尊い殉教者の遺骸を目の当たりにした、若きアウグスチノ会員、フェルナンドは心を動かされ、自分もフランシスコ会員にならって、殉教したいと申し出て、アシジの聖フランシスコの兄弟会に入会した。この時、アントニオと名付けられた。当時、アシジの聖フランシスコは生きていた。アントニオの非凡な才能を見抜いた聖フランシスコは、彼を説教師として方々の街へ送りだした。聖アントニオの雄弁さを物語るかのように、パドヴァの聖アントニオ大聖堂では、聖人の「舌」が巡礼者のお目当てになっている。ひっきりなしに訪れる巡礼者たちは、その遺物を一目見ようと行列を作っている。

コンベンツアル聖フランシスコ修道会のイタリアでの活動は、聖アントニオの膝元にあるパドヴァ管区の働きが群を抜いている。世界のコンベンツアル会員4000人余を束ねる総会長もパドヴァ管区出身である。聖アントニオの影響は、死後800年を経た今日まで続いていると言っても良い。なお、世界中の美術ファンの注目を集める、画家ジョットのフレスコ画で有名なスクロヴェーニ礼拝堂も、パドヴァにある。

5泊6日で長崎まで行って来ました

2016年7月号

6月6日から11日まで、長崎に行って来ました。5泊6日の黙想会です。黙想会とは、年に一度、修道者に義務付けられた行事です。黙想とは、読んで字のごとく、黙って想うこと。期間中、沈黙のうちに、祈りながら、指導司祭の講話を聴きながら、過去一年間の修道生活を振り返りながら過ごします。6時半のミサに始まり、共同の食事、昼の祈り、晩の祈り、就寝にいたるまで、24時間、おしゃべりは厳禁です。かつては、修道院の食事はほとんど沈黙でした。しかし、第二バチカン公会議後、1965年ころから次第に、修道院に沈黙の雰囲気がなくなりました。最近では食事中、自由に会話を交わしています。ですから、沈黙の食事は、黙想会くらいのものです。黙って食事するなんて味気ない、と思われるかもしれませんが、慣れると苦痛は感じません。かえって、沈黙のほうが、食事に対する感謝の念が深まり、消化にも良いように感じられます。食事のメニューには、当然、黙想会が開かれる土地の食材が使われます。今回の黙想会場は、長崎のイエズス会立山黙想の家でした。夜ともなれば、世界三大夜景に認定された長崎の街の灯が見渡せます。まさに絶景です。

食物は、長崎特産が供されます。ピチピチの刺身は最後の夕食だけでしたが、毎朝のメニューには、必ず海の幸がありました。魚肉をふんだんに使った分厚い竹輪、天ぷらと呼ぶ、さつま揚げなどです。

黙想会の指導司祭はイエズス会の松村信也（のぶや）神父様でした。ここの黙想の家の責任者です。2年前まで、神戸・カトリック六甲教会の主任司祭でした。神父様は、上司から「長崎の黙想の家に行け」と言われた時、「嫌だ」と思ったそうです。これから小教区の仕事が充実するのに、なぜ、転任しなければならないのか、と疑問を持ったそうです。しかし、そんなとき、教皇フランシスコの言葉が浮かんできたといいます。「自分が居心地がいいと感じた時は、そこにいるべきでない」。松村神父様は、私的にも教皇フランシスコと親しい間柄と聞いています。神父様は教皇の言葉を噛みしめて、長崎に赴任したのです。松村神父様は、自分の体験を交えながら、修道生活に欠かせない重要なテーマを取り上げて、示唆に富んだ話を聞かせてくれました。「奉献生活」「共同生活」「宣教活動」「奉仕活動」など。

通常業務から完全に開放された5泊6日のぜいたくな黙想会は、精神的にも肉体的にも、大きなリフレッシュ期間であり、充電期間でした。この黙想会の恵みを、これからの小教区活動のエネルギーとして生かしていけたらと願っています。

コルベ神父の取り次ぎを信じた永井博士

2016年8月号

今年8月14日は、マキシミリアノ・マリア・コルベ神父の没後75周年を迎える。今から75年前と言えば、1941年、昭和16年、我が国が太平洋戦争を始めた年に当たる。この年すでにナチスの支配下にあったポーランドでは多くのユダヤ人たち、学識経験者らが逮捕されていた。コルベ神父もその一人だった。コルベ神父が創設したワルシャワ近郊のニエポカラノフ（無原罪の園）修道院には、約700人の修道士たちがいた。修道院の中には、印刷工場があり、日刊紙、月刊誌、子ども向け雑誌、などを数百万部出版していた。修道士だけの消防団も組織していた。この大修道院のトップだったコルベ神父の行動をナチスは警戒した。ポーランド民衆に多大の影響を与える危険人物ということで、ナチスは1941年2月に、コルベ神父を逮捕、拘束した。同年5月、コルベ神父は恐怖のアウシュビッツ強制収容所へ送られた。

それから2か月後の7月末、コルベ神父と同じ収容棟から一人の脱走者が出た。その見せしめのため、同じ14号舎囚人10人が無作為に選ばれ、餓死刑となった。その折、コルベ神父は餓死刑を言い渡された若い父親の身代わりを申し出た。神父は他の9人とともに地下牢に入れられた。囚人の声を一切無視したナチスが、コルベ神父の身代わりを認めたのは不思議である。約2週間後、餓死室に残ったのはコルベ神父と他の3人だけで、意識があったのはコルベ神父ただ一人だった。監視兵は、薬物を注射してコルベ神父を処分した。時に1941年8月14日だった。

コルベ神父の死が日本に伝わったのはいつごろだろうか。はっきりした日付は分からない。長崎でコルベ神父の秘書役をしていたセルギウス修道士の記憶によれば、1943年、コルベ神父の死後2年たってからという。

コルベ神父の英雄的な死は、戦後いちはやくヨーロッパをはじめ、世界中に広く伝わり、いつしか列福運動へとつながった。1971年10月17日福者に、1982年10月10日聖人に挙げられた。

コルベ神父と親交のあった長崎の永井隆博士が興味深い話を残している。「ルルドの奇跡」という随筆の中に、コルベ神父の取り次ぎと思われる恵みを記している。原爆で負傷し、頸動脈の出血が止まらなかった時、ある女性から「本河内のルルドのお水です」と言って飲ませられた直後、昏睡状態になった。目覚めた時、なんと出血が止まっていた。永井博士は、何人もの医師が止められなかった出血が止まったのは、マリア様の奇跡としか考えられない、と書いている。長崎市本河内にルルドを造ったコルベ神父の取り次ぎに違いない、と訴えているようだ。

（聖母文庫・永井隆「原子野録音」P33―38参照）

マザーテレサが帰天後わずか19年で「列聖」される

2016年9月号

マザーテレサの列聖式が9月に行われる。マザーテレサが帰天されたのは1997年9月5日。死後、わずか19年後に「列聖」というのは、異例である。高山右近が福者にあげられるまで、死後400年かかったことを考えると、マザーテレサの列聖は異常に早いことがわかる。現代は、マザーテレサのような聖人を必要としているのかもしれない。

マザーテレサは、インドのコルカタ（旧カルカッタ）で最期を看取る「死を待つ人々の家」を作り、世界各地を廻り、誰にも顧みられない人々の世話をする仕事を始めた。マザーに共鳴する女性たちが集まり、「神の愛の宣教者会」という修道会になった。いま、マザーテレサの後を継ぐシスターたちは世界で4，000人以上働いている。マザーテレサは、日本にも3度来られた。最初の来日は、教皇ヨハネ・パウロ二世の訪日と同じ1981年。そのとき、マザーテレサは、東京にも多くのホームレスがいることに触れ、日本は決して富める国ではないと、話された。２度目の来日は１９８２年。４月25日には、カトリック仁川教会近くの阪神競馬場で開かれた（宝塚青年商工会議所主催）「愛と平和の集い」で講演された。３度目の来日は１９８４年。この年の11月23日に広島市を訪れ、「平和の集い」に出席されている。マザーテレサの来日を機に、東京と大阪に「神の愛の宣教者会」が活動を始めている。

カトリックの「福者」調査には、死後、５年を経なければならない、との規定がある。しかし、教皇ヨハネ・パウロ２世は、マザーテレサの場合は例外として、死後、直ちに列福調査を認めた。マザーテレサの取り次ぎに依る奇跡が起きたのは、１９９８年である。非カトリックの34歳のインド人女性が奇跡的に病気を癒された。モニカ・ベスラさんは、胃に腫瘍ができ、日に日に大きくなり、妊娠したようなお腹になった。すぐに手術をしなければ危ない、と思われたが、貧血のため手術は不可能だった。モニカさんは、マザーテレサが亡くなった翌年の９月６日、コルカタの「死を待つ人々の家」に連れて行ってほしいと願った。モニカさんは話している。「礼拝堂に入ると、マザーテレサの写真が目に入りました。そのとき、あたかも一条の光が私に向かって飛び出してくるように感じました。シスターが祈ってくれ、私は眠りにつきました。朝、目が覚めると腫瘍はなくなっていました」

さらに２０１５年12月17日、脳腫瘍を患い、危篤状態のブラジル人男性が、マザーテレサの取り次ぎによって回復した奇跡が、教皇フランシスコに依って承認された。

現代でも奇跡は起こり得る。聖人の取り次ぎを祈りましょう。

東村山修道院で見た東京オリンピック

2016年10月号

「世界中の秋晴れを、全部東京に持ってきたような素晴らしい秋日和であります」という台詞がテレビから流れたのは、1964年10月10日、東京オリンピックの開会式。NHKのベテラン・スポーツアナ、北出清五郎さんの表現だった。10月の声を聞くと、あの興奮した東京オリンピックを思い出す。東京オリンピックは、修道院に初めてテレビがやって来た日でもある。ポーランド人院長、ユスチノ・ナジム神父の許可のもと、テレビが集会室に運び込まれた。私たち神学生たちは、整然と並べられた椅子に腰かけ、テレビ画面を見上げた。ナジム神父は、ナチスによって、聖コルベとともに逮捕された一人で、過酷な収容所生活を体験した人である。普段は厳しい顔をしていたが、オリンピックのときだけは、笑顔でテレビ画面を見つめていた。

私たちが東京オリンピックを迎えたのは、東京・東村山市の修道院だった。東村山と聞けば、たいていの人は、タレントの志村けんさんをイメージするだろう。

確かに修道院の近くには志村姓が多かった。けんさんが有名になる前に、コンベンツアル修道会の修道院と神学校が東村山に建てられた。1964年3月、東京・北区王子から引っ越した。約2万坪の敷地に、突如現れた真っ白い修道院と神学校は周囲の目を引いた。建物の長さは110メートル、3階建ての鉄筋コンリート造だった。神学生に初めて個室が与えられた。真新しい部屋は気持ちが良かった。トイレも風呂もピカピカだった。この東村山修道院の唯一の難点は交通の便に恵まれなかったこと。都心に出るのは一苦労だった。東京駅から修道院までの道順は、こうだ。まず山手線で高田馬場駅へ。ここで西武新宿線に乗り換える。川越方面行に乗り、久米川駅下車。そこから清瀬行きバスに乗って、晴望園前バス停で下車。さらに10分ほど歩いて、ようやく到着する。都心から修道院までは1時間半以上かかった。

東村山修道院の近くには、国立ハンセン病施設「多磨全生園」があった。新米の司祭として、時々、朝のミサに行った。ミサに与るのは、苦労を重ねた年配の信者たち。ミサの奉納のとき、大きな声で聖歌をうたい始める。あまりの調子外れの歌に、思わず祈りの言葉を失ったことが度々あった。

東村山修道院時代には、さまざまな事件があった。アポロ11号の月面着陸、よど号のハイジャック事件、大阪万博、連合赤軍・あさま山荘事件、などなど。運転免許証を取ったのもこのころ。ガソリン1リットルが25円前後だった。思えば、消費税も介護保険料もない平和な時代であった。しかし、東村山修道院と神学校の寿命は短く、１９７３年5月には、諸事情により取り壊された。

2016年に帰天された3人の司教様を偲んで

2016年11月号

11月は、カトリック教会では「死者の月」とされている。亡くなった方々を偲んでミサをささげ、墓参りをする習慣がある。仁川教会では、月初めの日曜日に合同追悼ミサを挙げ、マイクロバスで甲山墓地と満池谷墓地に墓参りに行く。

今年も多くの方々が人生の幕を降ろして、天に召されて行った。その中に、日本のカトリック教会において、長年、教区長の要職にあった「司教」が3人含まれている。その司教様がたを偲んで、ご冥福を祈りたい。

最初に、元大阪教区長、安田久雄大司教。安田大司教は、1978年11月から1997年5月まで、約19年間大阪教区長の任に当たった。安田大司教にとって、最大の試練は1995年1月17日に起きた、阪神淡路大地震だった。被災した教区の復興に全力を傾けた。神戸地区の小教区の再編、教区の「新生計画」の策定、大司教館の西宮・甲陽園から大阪・玉造への移転など、大きな事業を断行した。

安田大司教は、聖職者の道に入る前、東京大学農学部水産学科を卒業、神戸気象台に勤めた経歴を持つ。姫路・仁豊野のホームで静かな晩年を過ごし、今年4月23日逝去した。94歳だった。

次に溝部脩司教。溝部司教は1935年3月北朝鮮生まれ。14歳の時、別府で受洗。サレジオ修道会に入会。同会日本管区長を務めた後、2000年6月、仙台司教に任命された。2004年5月、高松教区長に任命され、2011年3月まで務めた。高松教区では、懸案の神学校問題の収拾に奔走、長年の混乱に終止符を打ったと言われる。高松教区長を退いてからは活動の場を京都に移した。京都・西陣教会に「望洋庵」を立ち上げ、若い世代向けの宣教に情熱を注いだ。また、高山右近の列福の陰に溝部司教の功績があったことを忘れてはならない。今年2月29日に逝去。81歳だった。

3人目の司教は三末篤實司教。長崎県平戸島生まれ。長崎公教神学校、福岡サン・スルピス大神学院を卒業して、司祭叙階。長崎教区の多くの小教区で働いた後、1985年6月、広島教区長に任命され、2011年5月まで約26年間、教区長を務めた。任期途中から「人工透析」を余儀なくされ、週3回病院に通いながらの生活を送った。病を背負いながらも司教は、明るさを失わず、病院通いを宣教の仕事と受けとめていたようだ。三末司教の後任は前田万葉司教だったが、2014年9月、大阪大司教に転出した。その後2年間、広島教区長は空位のままだった。新広島教区長に白浜満神父が任命されたのと同じ6月28日に、三末司教は神に召された。80歳だった。

主よ、永遠の安息を3人の司教にお与えください。

去りゆく2016年を記憶にとどめるとしたら?

2016年12月号

2016年が間もなく終わろうとしている。この1年、どんなことが起こっただろうか。2016年を過去として振り返る時、どんな出来事が思い出されるだろうか。

カトリック教会の大きなイベントとして、教皇フランシスコが定めた「いつくしみの特別聖年」があった。2015年12月8日、「無原罪の聖マリア」の祭日に開幕した聖年は、2016年11月20日、「王であるキリスト」の祭日に閉幕した。仁川教会では、毎日曜日、ミサ前に教皇が作られた「いつくしみの特別聖年の祈り」を共同で唱えた。小教区行事としては、ゴールデンウイークの子どもの日に、大阪・玉造のカテドラル聖マリア大聖堂の「聖年の扉」をくぐる巡礼があった。

11月8日、アメリカ大統領選挙が行われ、大方の予想を覆して、トランプ氏が当選した。トランプ大統領の誕生は、9・11の同時多発テロ事件に匹敵する出来事、と言う国際政治学者もいるくらいの衝撃を与えた。アメリカ国民を二分する選挙結果に多くの人々が不安を抱いている。トランプ氏が分断された国民を融和に導くよう期待する。同時に、日本とアメリカの従来の関係も見直し、より国民に寄りそった形にしてもらいたい。

２０１６年に亡くなった有名人には次の方々がいる。三笠宮崇仁殿下、演出家の蜷川幸雄さん、テレビタレントの大橋巨泉さん、ラジオパーソナリティーの永六輔さん、登山家の田部井淳子さん、元ラグビー選手の平尾誠二さん、プロ野球評論家の豊田泰光さん、俳優の平幹二郎さんなどなど。

それぞれ与えられたタレントを生かして、多くの人々を喜ばせ、励まし、勇気を与えてくれた。次の世に旅立った人々の優れた模範を見習いたいものだ。

仁川教会では5月の信徒総会で、代表に野村榮子さんが選ばれた。久しぶりに女性評議会議長の誕生である。小教区活動で、徐々に女性ならではの細やかな配慮が活かされている。

仁川教会にまつわる出来事にこんなこともあった。8月3日の夜から4日の未明にかけて、仁川教会事務所に賊が侵入、警察沙汰になった。事務所入口のガラスドアが割られているのに気付いたのが朝8時半過ぎ。110番に連絡すると、すぐに西宮署から5、6名の警察官が来てくれた。入念な現場検証が行われた。主任司祭の両手の10本の指は1本1本、丁寧に指紋採取された。この侵入事件で被った損害は、事務所入口の高さ180センチ×75センチ、厚さ5ミリの大型ガラスドアの破損。犯人はいまだに不明。

「福者」候補のエリザベト・マリア北原怜子さん

2017年1月号

来る2月7日（火）、待ちに待った高山右近の列福式がやって来る。右近が亡くなったのが、1615年2月3日。没後402年にして、福者の称号を与えられる高山右近。どんなお顔をしているだろうか。天国での顔は想像できないが、この世的に考えれば、喜んでおられるだろう。右近は、日本人の福者としては、すでに聖人になった日本26聖人やトマス西ほか16聖人を除いて、394人目の福者となる。どうして、そうなるのか。単純に計算する。日本には9月10日に記念する205福者、7月1日に記念する188福者がいる。これを足すと393人になる。高山右近は、それに続くので394人目というわけである。

それでは、395人目は？　断定はできないが、有力な候補者は現在、列福調査が進んでいる人と考えられる。その人の名前はエリザベト・マリア北原怜子さんだ。北原怜子さんは、現在、日本人で、ただ一人、列福調査が進められている人である。北原さんは1929年1月23日生まれ。もし健在なら、87歳になる。

私たちと同世代の人だ。同じ日本人で、このような身近な人が、福者になることになれば、高山右近の列福以上の喜びがないだろうか。

北原怜子さんは、20歳のとき、洗礼を受けた。洗礼名はエリザベト。エリザベトはハンガリー出身の王女で、24歳の若さで亡くなった聖女。夫をはやく亡くし、3人の子どもを育てながら、病人や貧しい人々に手を差し伸べた、福祉活動の先駆者だった。アシジの聖フランシスコにならい、恵まれた身分でありながら、すすんで貧しく生きた。北原さんは、エリザベトの名前を、洗礼を授けてくれた司祭の母親の霊名ということでいただいたという。後に、北原さんが蟻の町の中で人々に奉仕し、貧しく生きたことを思うと、エリザベトは、もっともふさわしい洗礼名だった気がする。

福者に認定されるには、その人の取り次ぎに依る神の恵み、いわゆる「奇跡」が必要条件とされる。普通、不治の病が癒される「奇跡」が列福の決め手になる。北原さんの取り次ぎに依る奇跡が証明されれば、「福者」に上げられる。そのためには、北原さんの取り次ぎを祈らなければならない。奇跡が起こらないと、実現しそうにない恵みを、北原さんの取り次ぎを通して祈ることにしよう。毎日、みんなが熱心に祈ることが出来れば、いつの日か、奇跡を呼び込むことが出来るのではないだろうか。

1月23日は、尊者エリザベト・マリア北原怜子さんの命日にあたる。帰天58年になる。

2月になると思い出す教皇訪日

2017年2月号

もうすぐ2月。この時期になると、1981年2月の記憶がよみがえる。史上初めての教皇訪日である。教皇ヨハネ・パウロ2世が羽田空港に降り立ったのは、1981年2月23日午後3時過ぎだった。東京には、みぞれ混じりの雨が降っていた。教皇は、羽田空港から、文京区関口の東京カテドラル聖マリア大聖堂に向かわれた。大聖堂前で、傘を差しかけられながら、第一声を発せられたのが、忘れられない。「ついに、日本に来ることができ、とてもうれしく思いまぁす」。ポーランド人の教皇がいきなり日本語であいさつされたのには、みんな驚いた。聖職者や信徒代表と会われた後、教皇は、車椅子に乗った老修道士、ゼノさんを接見された。ゼノさんは、教皇の手を両手で握り、「パパ、パパ」と呼びながら、涙を流した。この様子は、午後7時のNHKテレビの電波に乗って流された。全国の人々の感動を呼んだ。翌朝の大新聞の社会面トップも教皇とゼノ修道士の対面の場面だった。

2月24日午前11時過ぎ、教皇は皇居に天皇陛下を訪ね、親しく会話を交わされた。鈴木善幸総理大臣は、千代田区三番町にある駐日教皇庁大使館を訪れて、ヨハネ・パウロ2世に謁見した。教皇が、国賓でもなく公賓でもなかったからである。教皇と会った後、印象を問われた鈴木首相はこう答えた。「宗教者の威厳というものを感じました」

翌日、2月25日朝、教皇は羽田空港から空路広島へ向かわれた。午前11時過ぎ、全世界に向けて教皇は8ヶ国語で「平和アピール」を行われた。平和祈念館で原爆の悲惨な状況を目の当たりにされた。夕刻、教皇は広島空港から長崎空港へ移動された。この教皇を追いかけて、ジャーナリストたちも航空機で長崎へ行った。新聞やテレビの報道関係者の乗る飛行機は全日空チャーター便だった。羽田から広島へチャーター便を飛ばすのは、簡単ではなかった。航空会社との交渉、広島空港の許可など、難しい問題があった。広島―長崎間に定期便がないため、なんとしてもチャーター便を出してもらうしかなかった。約90人乗りの全日空機を飛ばすことが出来たのは、なんといっても教皇取材という大義名分がものをいった。2月25日午後5時過ぎ、大村空港から長崎に入ってみると、雪が舞っていた。

翌朝、長崎・中川町のビジネスホテルで目を覚ました。窓から路面電車の線路を見ると一面雪に覆われている。果たして、９時半からの教皇の野外ミサは行われるだろうか、と心配になった。しかし、雪の中、３万人以上の信徒たちは寒さも忘れて教皇ミサの感激に浸ったのである。

高山右近を信仰に導いたイルマン・ロレンソ了齊

2017年3月号

2017年2月7日、キリシタン大名だった高山右近の「列福式」が大阪城ホールで行われた。さまざまな職業の日本人福者はいるが、「大名」であった人の福者は、高山右近が第一号ではないだろうか。式には高山右近生誕の地、大阪府・豊能町の池田勇夫町長も招かれた。町長はこんなコメントを新聞に寄せていた。「右近の存在は町にとっても大きな誇り。町が右近の生誕地であることをもっとPRしていきたい」。高山右近の列福が、福音宣教の起爆剤になることを願ってやまない。

右近の父高山飛騨守は、結城山城守や清原外記とともに奈良・沢城にイルマン(修道士)・ロレンソ了齊を招き、宗教について論争した。ロレンソは、盲目の元琵琶法師で、山口で聖フランシスコ・ザビエルの説教を聴いて信者になった人。飛騨守はロレンソとの論争に敗れ、キリスト教を受け入れ、洗礼を受けた。そのとき12歳の息子、右近にも洗礼を受けさせた。

飛騨守高山親子の入信に深くかかわったロレンソ了齊とは、どういう人物だろうか。ロレンソは日本語が十分に分からない宣教師を助けて、各地で伝道した。肥前・平戸島の貧しい村に生まれた。生まれつき、片方の目が見えず、もう一方の目もかすかに見えるだけだったという。平戸を出て、琵琶法師となり、山口でフランシスコ・ザビエルの説教を聴いた。ザビエルが説く「すべてのものの創造主である唯一の神」を信じて洗礼を受けた。

ロレンソは、コスメ・デ・トーレス神父、ルイス・フロイス神父、オルガンチーノ神父らとともに宣教に携わった。当時の権力者ナンバーワンの信長にもフロイス神父と共に何度か謁見している。1569年5月に信長の家来の面前で行われたロレンソと日乗上人との議論が有名である。おもに霊魂の不滅について激しく論じられた。論争の最高潮に達したとき、日乗上人はロレンソに答える言葉が見付からず、怒って「霊魂が見られるかどうか」と言ってロレンソを信長の刀で斬ろうとした。周りの家来に止められ、日乗は評判を落としたという。

ロレンソの行動範囲は遠く、五島列島にまで及んだ。1566年1月に、ルイス・アルメイダ修道士と福江島に渡り、五島に初めてキリスト教を伝えた。領主純定の次男ほか多くの領民が洗礼を受けた。１５８２年、本能寺の変で信長が倒れた後、オルガンチーノ神父とともに、秀吉に会って、大坂に教会を建てる土地をもらったこともある。

　ロレンソ了齊は、１５９２年２月３日、長崎のコレジオで亡くなった。67歳だった。くしくも命日はユスト高山右近と同じ日である。

五島列島に移住したロザリオ職人

2017年4月号

2月下旬、阪急百貨店梅田本店9階で「春の九州物産展」が開催された。九州各地の、いわゆる「うまいもの」がところ狭しと並んでいた。そんな中、風変わりな出店があった。ロザリオ専門店「ロザリーマリア」である。ロザリオはカトリックの伝統的なお祈りの道具だ。うまいものに混じって、ロザリオが展示されていると聞いて、さっそく出かけた。阪急本店1階奥のエレベーターで一気に9階まで上がり、物産展会場へ。会場はごった返していたが、「ロザリーマリア」だけは静かだった。出迎えてくれたのは、オーナーの本山孝雄さん。おだやかな口調で「今回は2回目の出店です」と言う。ちょうど、1年前に初めて物産展に参加した。阪急の催事企画担当者から「物産展に出展しませんか」と声をかけられた。今年もまた参加出来たのは、前回の出店が好評だったからだろう。五島からはるばる大阪まで出向くのはそう楽な仕事ではない。往復の旅費だけでも大きな出費になる。「格安の航空チケットでやって来ました」と笑っていた。

本山孝雄さんがロザリオ展示即売会場で配っていたリーフレットにはこう書いてある。「祈りの島の小さなロザリオ工房です」というタイトルに続いて次のように記す。「キリスト教の信仰を守り受け継いできた、五島列島福江島。祈りの島とも呼ばれる聖なる地で、カトリックの信心道具であるロザリオを、職人が一つ一つ心を尽くし、命を吹き込むように繋ぎあわせ手作りしています。丈夫な金具を使用していますので、壊れにくく、末永くご愛用いただけます。2015年には、鬼岳を眺めることのできる場所に小さい工房をオープンしました。教会巡礼・観光のお土産に、どうぞ、お立ち寄りください」

阪急百貨店の催場で展示即売されていたロザリオは、1本1万円以上。一般のカトリック教会売店などで売られているものに比べると、はるかに高い。しかし、材質を見ると値段以上の価値がありそう。誕生石や真珠を使った芸術品だ。球をつなぐ針金は丈夫なもので簡単には切れない。ロザリオを使い捨てではなく、「一生もの」と考えれば、たとえ1万円でも安く感じられる。高価なロザリオだと思えば、失くさないように心掛けるし、祈りにも力が入る。

家族とともに愛知県から福江島に移り住んだロザリオ職人、本山孝雄さんの仕事が末永く続くように祈りたい。

あとがき

　ここに収録した「教会だより」は、西宮のカトリック仁川教会報「タウ」に掲載されたものです。期間は2009年4月から2017年3月までの8年間です。その間に起こった出来事がテーマに取り上げられています。五島の教会にまつわる話題は、筆者が少年期を過ごした頃の記憶です。五島の福江島に楠原という集落があります。島の中で、めずらしく海の見えない地域です。そのため、泳ぎをおぼえたのは海ではなく、川だったのです。楠原には大正時代に建てられた煉瓦造りの天主堂や昭和10年代に建てられた保育園がありました。楠原は江戸時代末期に、大村藩から初の移住者が住み着いた土地と言われます。大村藩から渡って来た人たちは潜伏キリシタンでした。楠原地区は東、西、中の3つの地区に分かれていました。中地区には先住の仏教の人たちが住み、東と西にカトリック信者が住んでいました。西楠原に住んでいた筆者はカトリックの環境の中で育ちました。ここで過ごしていなければ、神学校に行くチャンスはなかったでしょう。

今年、２０１８年３月、司祭叙階から50周年になります。50年を振り返ると、司祭にとっては、まさに激動の時代でありました。なんとか50年を司祭として生きて来られたのは、故郷、楠原の皆さんの尊い犠牲とお祈りのお陰と感謝しています。

この「教会だより」のどれか一編でも、読者の皆さんの心に残れば幸いです。ご購読、ありがとうございます。

２０１８年2月3日　福者 高山右近の日

水浦征男

《水浦 征男（みずうら・いくお）》
1941年11月20日神戸市生まれ。44年に五島列島に疎開し、1954年3月まで過ごす。1960年3月、聖母の騎士学園高校を卒業して、コンベンツアル聖フランシスコ修道会入会。1968年3月20日、司祭叙階。1975年3月、上智大学大学院文学研究科新聞学専攻修士課程終了。1975年4月、カトリック中央協議会広報委員会勤務。1982年8月、アシジ・サクロコンベントに赴任。1985年4月から2009年3月まで、聖母の騎士社勤務。2009年4月から2017年3月まで、西宮・カトリック仁川教会主任司祭。
著書に「教皇訪日物語」「この人」「教皇ヨハネ・パウロ物語」（聖母文庫）、「ボクの言い分」（フリープレス）がある。

教会だより　カトリック仁川教会報に綴った8年間
水浦征男

2018年3月20日　第1刷発行

発　行　者●竹内昭彦
発　行　所●聖母の騎士社
〒850-0012 長崎市本河内2-2-1
TEL 095-824-2080/FAX 095-823-5340
E-mail: info@seibonokishi-sha.or.jp
http://www.seibonokishi-sha.or.jp/
製版・印刷●聖母の騎士社
製　　　本●篠原製本㈱

Printed in Japan

ISBN978-4-88216-374-9 C0116

水浦久之
金鍔次兵衛物語

徳川幕府のキリシタン弾圧の時代、マカオに追放され、フィリピンで司祭に叙階され、武士に変装して長崎に潜入した金鍔神父の数奇に満ちた人生を描く。 価格500円(税別)

水浦久之
漂泊の果て

長崎は、日本で最もキリスト教の色彩を色濃く残している土地だ。この地ならではの題材を料理した小説とエッセイ集。芥川賞作家も書けない信仰物語。 価格600円(税別)

聖母文庫

水浦久之
愛の騎士道

長崎で上演されたコルベ神父物語をはじめ、大浦天主堂での奇跡的出会いを描いたシナリオが甦る。在世フランシスコ会の機関誌に寄せたエッセイも収録。価格600円(税別)

高木一雄
江戸キリシタン山屋敷

東京・文京区小日向周辺に、キリスト教禁教時代、宣教師を収容した山屋敷があった。そこで殉教した宣教師、監禁された人たちがいた。価格600円(税別)

ホアン・マシア
道徳の断章

現代の忘れ物にはいろいろあるが、その一つは「道徳」だ。本書は101の短い話を通して、道徳を見直し、考えさせてくれる。価格500円(税別)

土居健郎・森田　明＝編
ホイヴェルス神父―信仰と思想

カトリック司祭として、大学教授・学長として、劇作家として、日本の宣教にささげ尽くした53年の軌跡をたどる。価格500円(税別)

草野純英
人生の歩み
カトリックの教えQアンドA

カトリックの教えを、問答形式で簡潔に分かりやすく説明する。信仰を見直したい人、キリスト教を知りたい人におすすめしたい。価格500円(税別)

聖母文庫

小平卓保
聖書散歩

永遠のベストセラー「聖書」には汲めども尽きない教えがある。しかし案内書がなければ、よく分からないのも聖書だ。本書が聖書の面白さを教えてくれる。

価格800円(税別)

稲垣武一
日本文化とキリストの福音
求道者の魂の軌跡

「本を読み進んでいくうちに、言葉を超えた驚くほど澄んだ魂の響きに深い感動を覚えました。まばゆいほどの霊の光に打たれてしまいました」(序文より)価格1100円(税別)

聖母の騎士編集部=編
縁について
月刊「聖母の騎士」巻頭エッセイ集(1)

枢機卿、作家、彫刻家、将棋棋士、オペラ歌手、女優、映画監督、写真家、ノーベル賞受賞科学者、作曲家、新聞記者、司教、神父、修道女、大学教授、画家、僧侶、評論家、アナウンサーなど…各界の144人の珠玉のエッセイを収録。

価格500円(税別)

草野純英
聖書一口メモ

聖書を読んで浮かんだ素直な感性を、簡潔に綴った名言集。200句の一つ一つに解説をつけ、短い祈りでしめくくる。

価格500円(税別)

坂倉　圭
マザーテレサ「死の場面」
福音的センスの理解のために

インドに何度も足を運び、マザーテレサを間近に見ながら「死を待つ人の家」で生活した…筆者は、何を見、何を感じたのか。

価格500円(税別)

聖母文庫

木鎌安雄＝訳

教皇ヨハネ・パウロ2世の詩

黙想 ローマ三部作

神とは誰か。神は創造主。はじめあるがごとく絶えず無からすべてが実在するように呼びかけ、それを抱きかかえている。（教皇の詩）

価格500円（税別）

荒木関 巧

親と子の初聖体

子どもたちに教理を教えるための副読本

キリストの「御聖体」を初めていただく子どもたちに、祈り、ミサ、秘跡について分かりやすく教えるガイドブック!! 子供が楽しめる「ぬりえ」付き。

価格500円（税別）

田中浩三

病床の讃歌

難病のベーチェット病で視力を失い右半身マヒの著者がテープに吹き込んで綴った実話小説。逆境にあっても耐え抜く不屈の病人の物語。

価格800円（税別）

伊従信子

神はわたしのうちに わたしは神のうちに

三位一体のエリザベットとともに生きる

わたしの一生に太陽がさんさんと注いでいたのは「心の深みに住まわれる神」と親しくしていたからでした。

価格500円（税別）

ホアン・マシア

イエスと共に

入門講座ノート

このノートを貫いている唯一のテーマは、「イエスと共に」人生を歩むということです。

価格500円（税別）

聖　母　文　庫

小崎登明
信仰の出会い旅

人生は、「出会いの旅」である。カトリック修道士が出会った、忘れがたい人々の信仰と人生を描く。　価格500円(税別)

高橋テレサ=訳　鈴木宣明=監修
アビラの聖女テレサ「神の憐れみの人生」(上・下)

16世紀の聖テレサが自叙伝をとおして21世紀の私たちに語りかける。神の愛のうちに生きる喜びと幸せを。　価格800円(税別)

平田栄一
心の琴線に触れるイエス
井上洋治神父の言葉に出会う

日本人の感性に合った信仰を求め続けてきた井上洋治神父の言葉を、著者の体験を交えながら解説。初めての井上神学案内書。　価格500円(税別)

ホセ・ヨンパルト
知恵・ユーモア・愛

「知恵は勉強するだけでは得られないものです。ユーモアは、悩んでいる時の痛み止めです。愛を知りたいなら…、十字架上のキリストを見てください。」　価格500円(税別)

森内俊雄
福音書を読む
イエスの生涯

「福音書をたびたび読むということは、イエス・キリストと出会い、親しく交わりを深めていくことである」　価格500円(税別)

聖母文庫

宮脇白夜＝訳
現代語訳 ドチリイナ・キリシタン
キリシタンの教え

400年前に長崎で編纂され、印刷された古典的名著の初の現代語訳。キリシタンたちが学んだ福音を読み易い対話で再現した。

価格500円(税別)

鈴木二郎
アッシジのフランチェスコ考
SAINT FRANCIS OF ASSISI

異色の研究者が、深い尊崇と愛をこめ、英国系資料を駆使した独自の視点から迫る聖フランチェスコの人間像。

価格500円(税別)

伊東和子・五百旗頭明子＝共訳
トマス・マートン「アジア日記」

トラピスト修道士マートンのアジア日記。タイ、インド、スリランカなど、2ヶ月足らずの間に触れたアジアの人々の文化、宗教を温かい目で見つめたアジア紀行。

価格800円(税別)

メルセデス・バロン＝編　厳律シトー会那須の聖母修道院＝訳
福者ラファエルの書簡と霊的思索

苦しみは自分のために、喜びは周りの人びとのために。人びとの幸福を探し、神の試練には、悲しそうな顔を見せない。

価格1300円(税別)

小坂井　澄
お告げのマリア
長崎・女部屋の修道女たち

長崎県各地に点在する、カトリック女子修道会「女部屋」を訪ね、克明に記録したルポタージュ。日本に根付いた女子修道会の全貌をあますことなく描き出す。

価格800円(税別)

聖母文庫

ホセ・ヨンパルト
死刑——どうして廃止すべきなのか

世界の潮流は「死刑廃止」に向かっている。しかし、日本は国民の多数の支持で続いている。カトリック司祭の法学者が、日本の死刑制度に疑問を投げかける。

価格500円(税別)

小澤悦子
聖書の中の家族
トビト記を読む

「旧約聖書続編」の最初に掲載されている「トビト記」を通して、神と家族との関係を考える物語。

価格500円(税別)

佐伯教会学校=編
親と子の旧約聖書

本書は、大人にも子どもにも分かるように、「聖書」を解説している。バラエティーに富む「旧約聖書」の宝庫から、人生の指針を汲み取ろう。

価格1300円(税別)

竹田誠二
テイヤール・ド・シャルダン

人類学者、古生物学者、哲学者、神学者、探検家、詩人、さまざまな顔を持つ、カトリック司祭の生涯と思想を紹介する。

価格500円(税別)

佐藤正明・根岸美智子=共編共著
あの笑顔が甦った
シエラレオネ支援で起きた愛の奇跡

西アフリカの小国シエラレオネの子どもたちの教育に取り組む日本人シスターと、支援するサポーターの心あたたまる物語。

価格1000円(税別)

聖母文庫

イエス・キリストの生涯

ホアン・カトレット＝著・絵　高橋敦子＝訳

私が見たい、感じたい、祈りたいと思うイエス・キリストを書かせていただいた。ここの登場人物像や景色は…私の心に住みついている映像である。

価格８００円（税別）

親と子の新約聖書

カトリック鶴崎教会学校＝編

豊後には大友宗麟の模範にならい多くのキリスト教信者が誕生し、徳川時代には殉教者も出た。３００年余りの時を越えてこの地から生まれた聖書案内書。

価格６００円（税別）

イエスは今日も生きておられる

Sr. マルガリタ・ヴァラピラ＝著　ゲスマン和歌子＝訳

インド人シスターが「聖霊による刷新」との出会いと「新しい福音宣教」の展開をあかした書。

価格１０００円（税別）

生活の中に降られる神

シエナの聖カタリナをとおして

小澤悦子

歴史の中に姿を現わしたサタン。魂の戦いの中で見えてくる愛と希望の神の現存への賛歌。

価格５００円（税別）

津軽のマリア川村郁

木鎌耕一郎

１９５０年代、青森県津軽地方、八甲田山麓の開拓地で、教育から見放された子どもたちに生涯をささげた若い女性がいた。これはもう一人の「蟻の町のマリア」、川村郁の物語である。

価格５００円（税別）

聖母文庫

ペトロ・ネメシェギ

イエスと…

イエスとさまざまな「人」や「もの」との関係を発見し、私たちの救い主イエスをもっとよく知りましょう。

価格500円（税別）

アントニオ・リッチャルディ＝著　西山達也＝訳

聖者マキシミリアノ・コルベ

聖コルベの生と死、信仰と愛、思想と活動の全貌を、列福調査資料を駆使して克明にまとめ上げた必読の書。

価格1000円（税別）

平田栄一

すべてはアッバの御手に

井上洋治神父の言葉に出会う II

井上洋治神父の言葉を通して、主イエスに出会う旅へ…。井上神学案内書、第2弾！

価格500円（税別）

カルロス・メステルス＝著　佐々木治夫＝訳

「ルツ記」を読む

パン・家族・土地

パン、家族、土地、これらの問題解決のため、ナオミとルツは、どのように闘ったのか、さまざまな困難に立ち向かうすべての人に、「ルツ記」は励ましを与えてくれるだろう。

価格500円（税別）

R・ドグレール／J・ギシャール＝著　伊従信子＝訳

神と親しく生きる　いのりの道

福者マリー＝ユジェーヌ神父とともに

現代の狂騒の中で、大切な何かを見失っていないだろうか…真理、善、美、生きる意味、神との関わりを捜し求めている人たちへ送るメッセージ。

価格500円（税別）

聖母文庫

世相からの祈り
神にみ栄え　人に平和

草野純英

祈りの本です。…少しの時間でも、日頃のお恵み、ご加護を感謝し、また、不完全さのお赦しを願うため、本著が少しでもお役に立てば幸いです。

価格600円(税別)

帰天していよいよ光彩を放つ勇者のスピリット
平和の使者w・メレル・ヴォーリズの信仰と生涯

木村　晟

信仰に基づく「勇者」であるか否かを決する尺度は、その人の死後の評価に表れると、私は思っている。(「プロローグ」より)
価格800円(税別)

聖フランシスコと聖クララの理想

ラザロ・イリアルテ＝著　大野幹夫＝訳

聖フランシスコと聖クララの霊性が、現代社会が抱えている諸問題、特に「愛」、「平和」、「環境」などの問題に、希望の光となると信じています。

価格1300円(税別)

萬里無影
中島万利神父追悼集

高木正剛＝編

キリスト信者として、司祭としてたくましく生きられた中島神父様のことが、多くの方々に知られ後世に語り継がれるための一助となれば幸いだと思います。(髙見三明大司教)
価格500円(税別)

聖霊に駆り立てられて

シリル・ジョン＝著
日本カトリック聖霊による刷新全国委員会＝監訳

国際カトリック・カリスマ刷新奉仕会評議会のメンバーであり、最も影響力のあるシリル・ジョン神父が、カリスマ刷新の重要性を力強く解説した一冊。

価格600円(税別)

聖母文庫

親と子の信仰宣言

カトリック鶴崎教会学校＝編

「初聖体」「旧約聖書」「新約聖書」に続く親と子シリーズの第4弾！公教要理のようなスタイルで、カトリック信仰を親子で学びましょう。 価格600円（税別）

聖書を読む

トマス・マートン＝著　マリア・ルイサ・ロペス＝監修　塩野崎佳子＝訳

神の言葉とは何か。聖書とは一体どのような本なのか…その問いに迫るトラピスト会司祭マートンの、成熟した神学とユーモアに触れられる一冊。 価格500円（税別）

長崎のコルベ神父

小崎登明

コルベ神父の長崎滞在時代を数々のエピソードで綴る聖母の騎士物語。（初版復刻版） 価格800円（税別）

神への讃歌

ヴォーリズと満喜子の祈りと実践の記

木村　晟

W・メレル・ヴォーリズが紡いだ讃歌の言葉から浮かび上がる篤い信仰を見つめながら、宣教・教育活動を振りかえる。 価格800円（税別）

私のキリシタン史

人と物との出会いを通して

安部明郎

人間には、そのために死んでもいいというような向があるときにこそ、喜んで生きることができる。キリシタンたちに、それがあったのだ。（ペトロ・ネメシェギ） 価格800円（税別）

聖母文庫

場﨑　洋

キリスト教小噺・ジョーク集

この書で紹介するものは実際に宣教師から聞いたジョークを集めて綴ったものですが、それ以外にも日本で生まれたジョークや笑い話、小噺を載せてみました。

価格６００円（税別）

場﨑　洋

イエスのたとえ話

私たちへの問いかけ

歴史的事例や人物、詩などを取り上げながら私たちが生きている現代社会へ問い掛けているイエスのメッセージに耳を傾けていきたいと思います。

価格８００円（税別）

森本　繁

ルイス・デ・アルメイダ

本書は、アルメイダの苦難に満ちた医療と伝道のあとを辿り、ルイス・フロイスとの友情や、さまざまな人たちとの人間的な交流を綴ったものである。

価格６００円（税別）

ホセ・ヨンパルト

「笑う」と「考える」・「考える」と「笑う」

人間は笑うだけでは幸せになれませんが、考えることによって幸せになることができます。

価格５００円（税別）

ルイス・カンガス

イエス伝

イエスよ、あなたはだれですか

男も女も彼のために、全てをささげ命さえ捧げました。この不思議なイエス・キリストとはどのような方でしょうか。

価格１０００円（税別）

聖母文庫

ミゲル・スアレス
キリスト者であることの喜び
現代教会についての識別と証しの書

第二バチカン公会議に従って刷新された教会からもたらされる喜びに出会いましょう。

価格８００円（税別）

木村　晟
すべては主の御手に委ねて
ヴォーリズと満喜子の信仰と自由

キリスト者達は皆、真理を実践して真の自由を手にしている。近江兄弟社学園の創設者ヴォーリズと妻満喜子も、平和を愛する信仰の勇者なのであった。　価格１０００円（税別）

森本　繁
南蛮キリシタン女医 明石レジーナ

江戸時代初期に南蛮医学に情熱を燃やし、外科治療に献身した女性が存在した。実証歴史作家が描くレジーナ明石亜矢の物語。

価格８００円（税別）

伊従信子＝編著
わたしは神をみたい いのりの道をゆく
マリー＝ユジェーヌ神父とともに

マリー＝ユジェーヌ神父は、神が、多くの人々を神との一致にまで導くように、自分を召されたことを自覚していました。

価格６００円（税別）

高橋テレサ＝編著　鈴木宣明＝監修
アビラの聖女テレサと家族

離れがたい結びつきは夫婦・血縁に限ったことではない。縁あって交わることのできた一人一人との絆が大切なのである。それを私は家族と呼びたい。　価格５００円（税別）

聖母文庫

レジーヌ・ペルヌー＝著　門脇輝夫＝訳
現代に響く声　ビンゲンのヒルデガルト
12世紀の預言者修道女

音楽、医学他多様な才能に恵まれたヒルデガルト。本書は、読者が著者と同じく彼女に惹かれ、親しみを持てるような研究に取り組むものである。　価格８００円(税別)

崎濵宏美
石蕗の詩（つわぶきのうた）

叙階25周年を迎えた著者は、長崎県五島生まれ。著者が係わりを持った方々への感謝を込め、故郷から現在に至る体験をエッセイや詩で綴る。　価格５００円(税別)

ボグスワフ・ノヴァク
真の愛への道
人間の癒しの源であるキリストの受難と復活

名古屋・南山教会主任を務める神言会のポーランド人司祭が著した愛についての考察。愛をまっとうされたイエスの姿から、人間の愛し方を問う。　価格５００円(税別)

ジョン・A・シュグ＝著　甲斐睦興＝訳　木鎌安雄＝監訳
ピオ神父の生涯

２００２年に聖人の位にあげられたカプチン会司祭ピオ神父は、主イエスの傷と同じ五つの聖痕を持っていた。神秘に満ちた生涯を文庫サイズで紹介。　価格８００円(税別)

ハビエル・ガラルダ
こころのティースプーン（上）
ガラルダ神父の教話集

東京・雙葉学園の保護者に向けてガラルダ神父がされた講話をまとめました。心の底に沈んでいる「よいもの」をかき回して、生き方に溢れ出しましょう。　価格５００円(税別)

聖母文庫

ハビエル・ガラルダ
こころのティースプーン（下）
ガラルダ神父の教話集

イエズス会司祭ガラルダ神父が雙葉学園の保護者に向けて語られた講演録第二弾。心の底に沈んでいる「よいもの」をかき回して、喜びに満ちた生活へ。

価格500円（税別）

田端美恵子
八十路の春

八十路を歩む一老女が、人生の峠に立って永久に広がる光の世界を見つめ、多くの人が神の愛に目覚めてくれることを願いつつ、祈りを尽くして綴った随想。

価格500円（税別）

駿河勝己
がらしゃの里

日々の信仰を大切にし、御旨のうちに生きる御恵みを祈り、ガラシャの歩まれた永遠の生命への道を訪ねながら…。

価格500円（税別）

ムンシ ロジェ ヴァンジラ
村上茂の生涯
カトリックへ復帰した外海・黒崎かくれキリシタンの指導者

彼の生涯の一面を具体的に描写することが私の意図であり、私は彼に敬意を払い、また彼の魂の遍歴も私たち自身を照らすことができるように思います。

価格500円（税別）

平田栄一
「南無アッバ」への道
井上洋治神父の言葉に出会うIII

毎日事あるごとに「南無アッバ、南無アッバ」と、神父様のあの最後の実践にならって、唱えることかもしれません。

価格800円（税別）

聖母文庫

セルギウス・ペシェク

コルベ神父さまの思い出

コルベ神父様はおっしゃいました。「子供よ……どうぞ私の代わりに日本に残って下さい。そして多くの霊魂を救うためにあなたの生涯を捧げてください」。価格500円(税別)

クラウス・リーゼンフーバー

知解を求める信仰

現代キリスト教入門

人間の在り方を問い直すことから出発し、信仰において受け入れた真理を理性によって解明し、より深い自己理解を呼び覚まします。価格500円(税別)

ヨハネス・ラウレス＝著　溝部脩＝監修　やなぎやけいこ＝現代語訳

高山右近の生涯

日本初期キリスト教史

溝部脩司教様が30余年かけて完成させた右近の列聖申請書。この底本となった「高山右近の生涯―日本初期キリスト教史―」を現代語訳版で発刊。価格1000円(税別)

伊従信子＝編・訳

十字架の聖ヨハネの

ひかりの道をゆく

福者マリー＝ユジェーヌ神父に導かれて

マリー＝ユジェーヌ神父が十字架の聖ヨハネを生き、体験し、確認した教えなのです。ですから、十六世紀の十字架の聖ヨハネの教えは現代の人々にも十分適応されます。価格500円(税別)

﨑濵宏美

風花の丘

(かざばなのおか)

春が訪れ夏が近づく頃まで、十字架の上でさらされた26人でありましたが、彼らの魂は……白く光る雪よりさらに美しく輝いて天の故郷へ帰っていったのであります。価格500円(税別)